MW00779103

EL MIEDO NO ES UNA OPCIÓN

Serie Redefínete:

EL MIEDO NO ES UNA OPCIÓN

MONICA BERG

© 2017 Monica Berg. Todos los derechos reservados.
Publicado por Kabbalah Centre Publishing

Ninguna parte de esta publicación puede ser reproducida o transmitida
en forma alguna o por ningún medio, electrónico o mecánico, incluyendo
fotocopias, grabaciones o empleando sistemas de almacenamiento y
recuperación de información, sin el permiso por escrito de la editorial,
excepto en el caso de un crítico que desee citar breves pasajes relacionados
con un comentario para la inclusión en una revista, periódico o transmisión
radiofónica o televisiva.

Kabbalah Centre Publishing es una unidad de negocio registrada de
Kabbalah Centre International, Inc.

Para más información:

The Kabbalah Centre
1062 S. Robertson Blvd., Los Angeles, CA 90035
155 E. 48th St., New York, NY 10017

1.800.Kabbalah   kabbalah.com

Impreso en Estados Unidos, octubre 2017

ISBN: 978-1-57189-965-1

ÍNDICE

Prólogo 9

Introducción 10

Parte 1: La anatomía del miedo
El miedo sano 19
El miedo real 29
El miedo ilógico 33
Conoce tu miedo 39

Parte 2: Mi viaje a través del miedo
La esquizofrenia: No es contagiosa 47
La anorexia: No tengo que comer 55
David: Todavía no tengo el control 65
Joshua: Mi cuerpo me ha traicionado 69
Miriam: La verdadera entrega 79
Abigail: Me convierto en un canal 91
El miedo no es una opción 99

Parte 3: Cómo puedes vivir sin miedo
La conciencia para vivir sin miedo 105
Mentalidad fija vs. mentalidad de crecimiento 106
No tienes mala suerte, tienes miedo 107
El poder de la perspectiva 109
Mente, cuerpo y espíritu: aplicar una perspectiva
distinta 111
El miedo a lo desconocido 115

La vergüenza de querer algo 118
El miedo al fracaso y el rechazo 122
El miedo y soltar 126
El miedo y las relaciones 128

Siete herramientas para superar tus miedos 133
Herramienta 1: Nombra tus miedos 134
Herramienta 2: Quema tus miedos 135
Herramienta 3: Disminuye tu miedo 137
Herramienta 4: Las aletas compensadoras 140
Herramienta 5: Crea tu mantra antimiedo 142
Herramienta 6: Conéctate con tu cuerpo 144
Herramienta 7: Viaje en el tiempo 145

Elabora un plan de acción 149
Paso 1: Planifica para la mañana 150
Paso 2: Desafía los pensamientos basados en el
   miedo 151
Paso 3: Exposición 154
Paso 4: Crea tu cuesta de exposición 159

Siete cosas que quiero que mis hijas sepan para
convertirse en mujeres valientes 163

Epílogo 169

Agradecimientos 171

Referencias 178

Prólogo

Soy la voz en tu cabeza que dice
que no eres SUFICIENTEMENTE BUENO,
ni SUFICIENTEMENTE FUERTE,
ni SUFICIENTEMENTE INTELIGENTE.
Soy el que te hace sentir PEQUEÑO.
El que PARALIZA tu lengua,
el que ACALLA tu voz apasionada.
Soy aquel que te DETIENE.
El que dice NO, el que te dice que ESPERES
MENOS porque eso es lo que mereces.

Hago que tus manos TIEMBLEN, que tu
corazón LATA MUY DEPRISA y que las palmas
de tus manos SUDEN.

Soy el que te mantiene despierto por la noche
y da poder a tus DUDAS.

Mi nombre es MIEDO.

Introducción

La Kabbalah enseña que hemos venido a este mundo a crecer espiritualmente y a causar un impacto positivo en el mundo. Nuestra naturaleza inherente está en desacuerdo con el crecimiento dado que tendemos a querer quedarnos en nuestra zona de confort, pero ese no es el plano en el que realmente queremos vivir. Para poder transformarnos y alcanzar nuestro máximo potencial, tenemos que aceptar la incomodidad. Si buscamos primero el confort, no podemos alcanzar el propósito para el cual vinimos a este mundo. Mediante la aplicación y la internalización de la sabiduría de la Kabbalah, logramos comprender que los desafíos son oportunidades para el crecimiento. A menudo nos vemos enfrentados a esos desafíos en la búsqueda de nuestros objetivos más apasionantes, pero es a través de los desafíos de la vida que podemos encontrar los regalos más grandes.

¿Qué se interpone en el camino para alcanzar nuestros objetivos?
EL MIEDO.

Si bien el miedo fue diseñado para ser un efectivo sistema de alerta, puede convertirse fácilmente en algo que utilizamos como guía de forma inconsciente. El Kabbalista el Baal Shem Tov nos enseña que el miedo toma cosas pequeñas e insignificantes y las hace enormes. Imagina que estás parado en el exterior, rodeado de una maravillosa naturaleza. Los árboles se ven rojizos, el sol calienta tu piel y el cielo tiene una tonalidad rosa. Se oye el murmullo de un arroyo que fluye a través del prado que hay justo delante de ti, el sonido de los pájaros cantando y el suave crujido de las hojas en la brisa. Estás en un lugar de una belleza infinita que te trae serenidad, paz y calma.

Ahora imagina que tomas algo tan insignificante como dos monedas y las utilizas para cubrir tus ojos. De repente, la belleza, la paz y la tranquilidad que estabas experimentando es reemplazada por oscuridad.

Llevaste a cabo una acción que oscureció tu capacidad para ver, y esto es algo que a menudo hacemos inadvertidamente. Movemos nuestro enfoque hacia cosas pequeñas e insignificantes y las hacemos muy importantes, permitiendo así que nos "cubran los ojos" y tomen el control de nuestra vida. Creamos "monedas" con nuestro estrés, nuestra ansiedad, nuestros problemas y nuestros miedos, lo cual bloquea toda la belleza que existe a nuestro alrededor. Cuando los miedos surgen actúan como esas monedas, y entonces ya no somos capaces de ver todo lo que tenemos a nuestra disposición.

Hace unos años, estaba en Londres para dar una charla sobre cómo vivir sin miedo. Estaba bajo presión porque la charla debía empezar en quince minutos y el conductor de mi taxi estaba totalmente perdido. Disponía de un GPS y una falsa seguridad en su capacidad de navegación. Mantuve la calma y entendí que aquel hombre no sabía cómo nadar y había caído en la parte más profunda de la piscina. Cuando pasamos por la Embajada de Estados Unidos me di cuenta de lo lejos que estábamos. Teniendo en cuenta dónde tenía que estar, supe que si quería llegar a mi seminario iba a tener que correr con mis tacones y bajo la llovizna para llegar, con suerte, con un retraso no mayor de cinco minutos. Lo dirigí educadamente a la calle reconocible más cercana, me bajé del taxi y corrí hacia mi destino tan rápido como pude.

La ironía de la situación no me pasó inadvertida: tenía miedo de llegar tarde a un seminario sobre cómo vivir sin miedo, seminario en el que yo era nada menos que la oradora. Sin embargo, es ideal para lo que espero que este libro logre iluminar. Cuando las palmas de mis manos empezaron a sudar en aquel viaje interminable, dejé de escuchar la voz de mi miedo y dirigí mi atención a la radio, en la cual una mujer estaba hablando sobre un libro que había escrito sobre el miedo. Puede que llegara tarde, pero como resultado obtuve una mayor claridad acerca de lo que esperaba relatar sobre todo lo relacionado con el miedo.

La mujer estaba explicando cómo las personas pueden lidiar con sus miedos y aprender a vivir con ellos. A medida que ella hablaba, pensé que yo no estaba de acuerdo. Mi enfoque es totalmente distinto al suyo. Lo que queremos no es lidiar con nuestros miedos o tolerarlos; queremos eliminarlos. Al escuchar las preguntas y los comentarios que entraban de los oyentes de aquel programa de radio, sentí un deseo aún mayor de escribir este libro. El objetivo es erradicar el miedo completamente. Pero mientras trabajamos en el logro de este objetivo, podemos llegar a comprender que el miedo seguirá surgiendo. Empecé a estudiar Kabbalah a la edad de diecisiete años, justo antes de los desafíos más importantes de mi vida. Aun sin saberlo, me estaban entregando herramientas con las cuales navegar por todo lo que estaba por venir. A través de compartir mi experiencia con el miedo y las herramientas que utilicé para eliminarlo de mi vida, espero animar e inspirar a los lectores a hacer lo mismo involucrándose activamente en el proceso de eliminar el miedo y haciendo pequeños cambios consistentes hacia el progreso.

Mucha gente está viviendo en una cárcel construida por ellos mismos, hecha de sus propios miedos. Una cárcel tolerable, con la que pueden lidiar, pero que aun así es limitante.

Quiero que te liberes de esta cárcel construida por ti mismo.

Quiero que te liberes del miedo.
Y puedes hacerlo.

PARTE 1:

La anatomía del miedo

CAPÍTULO 1:

El miedo sano

"El miedo construye muros
para obstruir la Luz".

– El Baal Shem Tov

Sabemos algunas cosas sobre el miedo. Por ejemplo, sabemos cómo se siente y sabemos de qué tenemos miedo, pero ¿qué es el miedo? Primero vamos a entender los aspectos fundamentales del miedo desde un nivel biológico.

El miedo es una emoción causada por la percepción de un peligro o una amenaza que ocasiona un cambio en nuestras funciones metabólicas y orgánicas, y por último un cambio en nuestro comportamiento, como huir, esconderse o paralizarse.

Nuestros miedos pueden surgir en respuesta a algo específico que ocurre en el presente o en anticipación a una amenaza futura. Esta percepción del peligro puede llevarnos a confrontar la amenaza o a escaparnos de ella. En casos extremos, hay una paralización añadida. Esto es lo que se conoce como la respuesta de "lucha o huida". La reacción física de nuestro cuerpo al miedo es casi enteramente autónoma. No la activamos conscientemente o ni siquiera sabemos que está ocurriendo hasta que ya está siguiendo su curso.

El miedo se manifiesta físicamente en nuestros cuerpos debido en gran parte a la amígdala, la parte de tu cerebro que libera una cascada de neurotransmisores que disparan la respuesta de lucha o huida. La amígdala es el sistema de alarma del cuerpo. Es responsable de la descarga de adrenalina que puede salvar tu vida en una emergencia. Estos síntomas pueden presentarse de distintas formas, como aumento del ritmo cardíaco, falta de aire, mareo, náuseas, disfunciones digestivas, sudoración, temblores y desmayo.

El miedo surge tanto a través del instinto como de la cognición. En otras palabras, estamos condicionados por muchos de nuestros miedos. Este libro se enfoca principalmente en esos miedos que no nos ayudan, que no nos sirven para protegernos del peligro real, o que no están contribuyendo a nuestra vida.

Entender que algunos miedos son útiles y otros no es el fundamento para iniciar tu viaje hacia la eliminación de los miedos en tu propia vida.

En las páginas que siguen, examinaremos los distintos tipos de miedos, en qué categoría se clasifican y qué impacto tienen en tu vida, tanto positiva como negativamente. Me gustaría empezar por los miedos sanos.

¿Te gustan las películas de miedo? ¿Sientes nervios cuando te subes a una montaña rusa? ¿Disfrutas visitar casas embrujadas en Halloween?

Todas estas cosas son divertidas para la mayoría de las personas. Tanto que hay parques temáticos enteros, experiencias y grupos de fanáticos en todo el mundo dedicados a ellas. El miedo sano nos ayuda a discernir entre las situaciones seguras y las peligrosas. Nos resulta divertido crear ambientes seguros en los que podamos experimentar un miedo sano.

El miedo sano es un regalo que se nos brinda a cada uno de nosotros y que típicamente se manifiesta como una respuesta instintiva y visceral a una amenaza física. Necesitamos este tipo de miedo para nuestra supervivencia y protección.

Por ejemplo, si estás parado al borde de un precipicio, el miedo sano empieza a surgir y te advierte que debes retroceder. Evita que caigas por el acantilado, de igual forma que evita que acerques demasiado la mano al fuego. Piensa en alguna ocasión en la que se activó la respuesta de tu miedo sano. ¿Cuáles fueron las circunstancias? ¿Cuál fue el resultado? El miedo sano es nuestro propio guardia de seguridad incorporado, pero su dualidad es evidente y también curiosa. Si este miedo nos mantiene a salvo, ¿por qué nos ponemos deliberadamente en situaciones que disparan su respuesta?

Esto nos lleva de regreso a la respuesta física, la adrenalina aumenta tu ritmo cardíaco y tu presión sanguínea, dándote así un aumento de energía, cosa que hace que asustarte sea tan divertido. Piensa en ello como cuando aprendes a ir en bicicleta. Al principio estás asustado: "¿Y si me caigo?". Luego, a medida que empiezas a aprender, que tu mente y tu cuerpo empiezan a trabajar juntos para mover los pedales y manejar el manubrio, ese miedo da paso a una excitación. Y antes de que te des cuenta, ya lo estás haciendo.

El miedo sano nos mantiene a salvo, y debemos respetar ese instinto. Sin embargo, no siempre les hacemos caso a nuestros miedos sanos, tal como demostraron en 1968 los psicólogos sociales Bibb Latané y John M. Darley con su prueba de la habitación llena de humo. A los participantes de dicho estudio se les pidió que se sentaran en una habitación y rellenaran un cuestionario. Pusieron a uno de los grupos de participantes solos en una habitación, y el otro grupo estaba en otra habitación con dos personas más que trabajaban para los investigadores y no participaban en el estudio. Transcurridos unos minutos, empezaron a introducir humo en la habitación. Casi siempre, los participantes que estaban solos en la habitación abandonaban sus cuestionarios e iban a anunciar el humo inmediatamente.

No obstante, los participantes que estaban en la habitación con otros acompañantes tardaban exponencialmente más tiempo en anunciar el humo, y algunos ni lo anunciaban a pesar de que el humo iba llenando la habitación hasta el punto de que casi no podían ver. Esto se conoce como el Efecto de Inhibición por la Audiencia: la idea de que las personas no responden a una situación de emergencia por miedo a reaccionar exageradamente o al ridículo.[1]

El miedo a hacer el ridículo como resultado de actuar en respuesta a nuestro miedo sano hace que nos pongamos en peligro a nosotros mismos y a los demás. La respuesta del miedo sano debe ser siempre atendida. Queremos disipar y eliminar completamente el miedo de nuestra vida, con esta importante excepción.

Estamos equipados con poderosas respuestas intuitivas al miedo, y éstas deben ser SIEMPRE atendidas.

La intuición es lo que sabemos sin saber por qué, aquellas cosas en la vida que intuimos sin saber por qué las sabemos. La raíz latina de la palabra intuición, tueor, significa "guardar, proteger". Nuestra intuición está ahí precisamente por ese motivo. El hecho de que no reconozcamos la fuente de nuestra intuición no significa que no sea absolutamente acertada. La mayoría de nosotros hemos experimentado la intuición como una certeza sobre algunas cosas como, por ejemplo, confiar inmediatamente en alguien que acabas de conocer o sentir aversión por alguien que acabas de conocer. La intuición aparece en nuestra vida de muchas maneras; saber que un vuelo que vas a tomar va a retrasarse, hacer otros planes antes de que tus planes previos se desmoronen, recoger tus cosas y mudarte a otra cuidad simplemente porque es donde sientes que tienes que estar, o incluso comprar un mueble que sabes que encajará perfectamente en una casa en la que todavía no vives.

La intuición se reafirma a sí misma abruptamente y con orígenes desconocidos. Aunque mayormente se desestima como fantasía o magia, la intuición es, al menos parcialmente, un proceso cognitivo. Cuando recibimos información de nuestro entorno, tal como el tono de una voz, una expresión facial, los gestos de unas manos o la postura corporal, nuestro cerebro empieza a buscar coincidencias de ese registro con nuestra memoria almacenada. Nuestros cerebros son maravillosos, complejos y capaces de procesar muchas cosas que ocurren debajo de nuestra conciencia. Puede que no lo sepas, pero la señal de alarma que se activó por la cara que puso un compañero de trabajo pudo provenir de una coincidencia mental con una expresión que tu profesor hipercrítico de tercer grado solía hacer.

Piensa en la química romántica. A menudo, dos personas se conocen, mantienen una conversación maravillosa, y se gustan y se respetan genuinamente. Sin embargo, esa relación no irá a ninguna parte si sus feromonas no son atractivas para la otra persona.

¿A qué huelen las feromonas? No lo sabemos, pero nuestro cuerpo ciertamente lo sabe, es más, discierne quién puede ser una buena pareja basándose en las diferencias genéticas transmitidas por esas feromonas.

A menudo la intuición va acompañada de una emoción, evocando quizás sentimientos de familiaridad o incluso temor. Muchos de nosotros hemos experimentado un sentimiento, un sueño o una visión, ya sea positiva o negativa, sobre algo referente a nuestra vida o la de alguien cercano a nosotros. Ignoramos estas señales, a pesar del riesgo que eso supone para nosotros. Las mujeres en particular desacreditan sus señales de alarma intuitivas acerca de una persona para evitar entrar en conflicto o parecer groseras.

A Carol DaRonch, una chica de dieciocho años de Murray, Utah, se le acercó un hombre que afirmaba ser un oficial de policía de Murray. Le dijo que alguien había intentado robar su auto y le pidió que fuera con él en su auto a la comisaría para poner una denuncia. Durante el viaje, Carol le indicó que estaban tomando el camino equivocado, un camino que no llevaba a la comisaría. Cuando Carol lo siguió cuestionando, el policía paró el auto e intentó esposarla. Tras producirse una lucha entre ambos, Carol consiguió escapar. Más tarde se descubrió que el "oficial de policía" era en realidad el asesino en serie Ted Bundy. Carol fue una de las pocas víctimas conocidas que logró escapar ilesa.[2] Al escuchar su intuición y cuestionar la ruta que él estaba tomando, Carol salvó su propia vida. Esta historia es aterradora, pero ilustra cómo tu intuición puede literalmente salvarte la vida.

Mi consejo es que escuches tu intuición y tu voz interior, tus "entrañas". Cuando tu intuición te diga que algo no anda bien, no trates de razonar contigo mismo, simplemente escucha lo que tus instintos te están diciendo y da los pasos necesarios para garantizar tu seguridad. Si sientes que tienes que evitar cierto camino, o la persona que está dentro del ascensor en el que tú vas a entrar te hace sentir incómoda, honra a tu intuición. Los participantes de la habitación llena de humo reprimieron la respuesta a su miedo sano por una serie de razones "racionales". Cuando tengas que elegir entre la lógica o parecer grosero y escuchar tu intuición, debes siempre ponerte del lado de tu intuición.

Este libro trata sobre la eliminación del miedo, no obstante, este tipo de miedo, el miedo sano, no es un miedo que debamos eliminar, ya que existe para garantizar nuestra seguridad.

CAPÍTULO 2:

El miedo real

El miedo real está basado mayormente en la realidad. No es lo mismo que el miedo sano, en el sentido de que no está basado en el peligro físico. Todos experimentamos miedos reales de perder a las personas que más amamos, de no llegar a alcanzar nunca nuestros sueños y nuestras aspiraciones, incluso el miedo a nuestra propia muerte. El miedo real es la verdad de que la vida es una condición terminal, y está basado en algo que es irrefutablemente cierto: todo lo que hacemos y todo lo que somos tiene una fecha de caducidad. Estas manifestaciones del miedo real no son físicas, sino existenciales. Son igual de válidas, porque están asociadas con acontecimientos reales como la muerte, el cambio y el dolor.

Entonces la pregunta es: ¿pueden también estos miedos consumirnos y evitar que vivamos nuestra vida en plenitud? En última instancia, sí. Pero, afortunadamente, la elección es tuya, porque el miedo real puede motivarnos a vivir la mejor versión de nuestra vida.

Los miedos reales pueden ser fortalecedores. Por ejemplo, si tienes miedo de perder a las personas que amas, pon tu energía en estar completamente involucrado cuando pasas tiempo con ellas y apreciar plenamente el hecho de que están aquí ahora. Algunos tienen miedo de hacerse mayores y del proceso de envejecimiento; quizá esta energía podría destinarse a hacer ejercicio y cambios dietéticos que aseguren que la tercera edad sea más saludable. El miedo real puede ser utilizado como una motivación poderosa para usar nuestros pensamientos y nuestro tiempo sabiamente. El miedo real no puede ser eliminado porque es legítimo, pero está en nuestro control transformarlo en algo fortalecedor en lugar de debilitador.

CAPÍTULO 3:

El miedo ilógico

El miedo ilógico reside en el extremo opuesto del miedo real. Puede que se sienta igual, pero típicamente se dispara como resultado de algo hipotético o totalmente inexistente.

Esto de ninguna manera descarta o invalida el miedo ilógico, puesto que puede ser enormemente perjudicial para tu vida. Te mantiene preocupado, frenético e inseguro. Puede entorpecer tu vida de formas muy variadas y puede conducir a un gran estrés emocional, trastornos de la ansiedad y manifestaciones físicas. Por ejemplo, las personas que experimentan un susto extremo pueden desarrollar dolorosas migrañas horas después como resultado de ese sobresalto. A diferencia del miedo sano, debemos liberarnos del miedo ilógico.

Todos estamos balanceados entre dos poderosas fuerzas: la positiva y la negativa. La Kabbalah enseña que la positiva nos lleva hacia la transformación. La negativa alimenta a nuestro ego y satisface nuestro deseo de gratificación instantánea. Ambas fuerzas son significativas para nuestro desarrollo espiritual. Aunque los beneficios de la fuerza positiva son evidentes, la fuerza negativa nos brinda la oportunidad de elegir la dirección de nuestra vida. La fuerza positiva es nuestra perfección inherente, y el lado negativo presenta los desafíos que nos ayudan a traer nuestra perfección al mundo. Para que haya un lado positivo, el lado negativo debe existir también. Sin esta dualidad, no tendríamos forma de experimentar crecimiento o de realizar nuestro potencial. No obstante, muchos de nosotros podemos quedarnos atrapados y estancados, demasiado asociados con el lado negativo, lo cual dificulta que experimentemos la vida de una forma plena.

Desde esta perspectiva kabbalística, el miedo ilógico viene del lado negativo para hacernos sentir agitados, deprimidos y para crear obstáculos en nuestro camino.

Sea grande o pequeño, este miedo se manifiesta de forma distinta para cada uno de nosotros. Arañas. Alturas. Cucarachas. Volar. ¿Hay algún miedo en tu vida que entre en esta categoría? ¿Quizá sea manejar el auto por la autopista? ¿La claustrofobia? ¿Hablar en público? Imagina como sería tu vida si este miedo fuera eliminado.

Para mí, el miedo ilógico se manifiesta como un miedo a los ascensores. Este miedo ha estado conmigo hasta donde alcanza mi memoria, desde que tenía tres o cuatro años. Entraba en pánico siempre que estaba en un ascensor. Este miedo era tan irracional y empezó a una edad tan temprana que me llevó a preguntarme si era el residuo de una experiencia temprana de mi vida que no podía recordar. Cuando mi madre me aseguró que nunca me había encerrado en una jaula ni en un armario, me pregunté si era algo perteneciente a alguna experiencia de una vida pasada que estaba trayendo a esta vida.

Cuando me mudé a Nueva York, mi miedo ilógico empezó a instalarse de una manera muy real. Es casi imposible moverse por Nueva York sin subirse a un ascensor prácticamente a diario. Me encanta hacer ejercicio, pero no me encanta subir veinte pisos de escaleras a diario, lo cual he hecho debido a este miedo ilógico. En más de una ocasión he subido veintisiete pisos de escaleras para evitar tomar el ascensor. Mi miedo era tan elaborado que, si había llegado de correr y no tenía agua, la idea de quedarme atrapada en un ascensor sintiéndome sedienta y deshidratada hacía que mi mente empezara a dar vueltas y mi corazón latiera muy rápido. Sin embargo, quería mudarme a Nueva York y decidí que este miedo no iba a seguirme a todas partes. Aunque no sabía cómo se había desarrollado este miedo, acepté que nunca descubriría su origen y decidí que no iba a formar parte de mi futuro.

Y eso fue todo. Una vez que te decides, puedes cambiar cualquier realidad. Se requiere compromiso y trabajo mental, pero puede lograrse absolutamente. También utilicé algunas herramientas prácticas para vencer los miedos ilógicos, las cuales compartiré contigo más adelante en este libro.

Suena simple, pero así son los miedos tontos. Lo único que los sustenta eres tú. Cada vez que sucumbes ante él, lo estás alimentando. Lo alimentas, se vuelve más fuerte y su apetito aumenta. Una vez que tomas la decisión de darle una patada al miedo, éste deja de tener un lugar en tu mente, y por lo tanto deja de tener un lugar en tu vida. Y en la ausencia del miedo, tu vida empezará a desarrollarse de maneras increíbles.

CAPÍTULO 4:

Conoce tu miedo

"De todos los miedos que
atormentan a la humanidad, ninguno
es tan aterrador como el miedo a lo
desconocido; lo desconocido no puede
ser evitado ni controlado. Al ponerles
nombre a las criaturas de un mundo
recién formado, Adán se convirtió en
el dueño de su entorno".

– Rav Berg[3]

Las "criaturas" que se mencionan en la cita
anterior son nuestros miedos. El primer paso
hacia una vida sin miedo es identificar tus miedos
y "asignarles un nombre". Puedes escribirlos a
continuación o en un trozo de papel aparte.

Simplemente pensar en ellos no es suficiente, tienes que escribirlos, ya que el acto de escribir los hará más concretos. Cuando arrojas luz sobre tus miedos, los liberas. A continuación, escribe cualquier miedo que surja cuando piensas en estas áreas de tu vida:

¿Cuáles son tus miedos en las relaciones?

1. _____

2. _____

3. _____

¿Cuáles son tus miedos en tu carrera profesional?

1. _____

2. _____

3. _____

¿Cuáles son tus miedos acerca del futuro?

1. _____

2. _____

3. _____

¿Qué te preocupa cuando te acuestas en tu cama por la noche?

1. _____

2. _____

3. _____

A partir de estas respuestas, identifica tus tres mayores miedos y escríbelos a continuación.

1. _____

2. _____

3. _____

De estos miedos, ¿puedes identificar cuáles de ellos son sanos, ilógicos o reales?

_____

_____

_____

_____

_____

_____

PARTE 2:

Mi viaje a través del miedo

CAPÍTULO 5:

La esquizofrenia:
No es contagiosa

Puedo recordar la primera experiencia en la que me sentí consumida por el miedo. Cuando tenía ocho años, mi familia se trasladó de Luisiana a California, Beverly Hills para ser más exactos. Hasta ese momento había vivido una infancia típicamente idílica. Era una de las felices hijas de una familia en la que sólo había niñas, y me sentía protegida en muchos aspectos. No había presenciado ningún tipo de violencia, no conocía la muerte ni la enfermedad, no había traumas ni estrés.

Mi infancia fue tan impoluta que tengo recuerdos específicos de cuando tenía tres años sintiéndome feliz, a salvo y libre de preocupaciones.

Todo eso cambió una tarde en la casa de mis abuelos, poco después de habernos mudado. Aún ahora recordar aquel momento me da que pensar. Estábamos todos reunidos en una comida familiar durante un luminoso día de verano. Yo ya conocía a mis abuelos y siempre había disfrutado de sus visitas a Nueva Orleans. Ahora comenzábamos a pasar gran parte de nuestro tiempo libre con nuestros tíos, tías y primos, recuperando así el tiempo perdido.

La mudanza tuvo sus complicaciones, como todas, y yo me sentía un poco sola, echaba de menos a mis amigos y la seguridad de la vida y las rutinas que tanto amaba. Para empeorarlo todo, mis padres habían perdido toda su fortuna. En resumen, sentí el traslado a Los Ángeles como una entrada al mundo de lo desconocido, que como más tarde comprendí, es la fuente de todos mis miedos.

Mientras estaba sentada en aquel almuerzo con todos los adultos, más como observadora que participante, la energía se volvió tensa e incómoda y, aunque sólo tenía ocho años, pude notar como la risa de mis padres se había vuelto forzada. Yo estaba jugando en la mesa al lado de mi madre y al levantar la mirada vi a su hermano mayor parado en la entrada. Algo en él me pareció extraño. Su comportamiento era algo raro, errático. La conversación en la mesa fue apagándose poco a poco y luego, de la nada, se escuchó un grito agudo. Yo di un salto.

Mi tío fue impulsado por una intención que ni siquiera él entendía, y vi claramente que no tenía el control de sus acciones. Su comportamiento era aterrador y un poco violento. Los adultos se levantaron de inmediato, aunque ninguno de ellos parecía saber cómo manejarlo. Yo quería esconderme, y recé para que mi madre me tomara de la mano y me sacara rápidamente de aquella habitación. No quería que mis movimientos temerosos llamaran la atención; su atención. Era como una niña en una clase que intenta quedarse muy quieta para que el maestro no se fije en ella y la llame a la pizarra. Lo último que quería era provocarlo de alguna forma. Entonces se bajó los pantalones y se expuso ante todos, gritando, voceando e insultando a mis abuelos. Yo estaba aterrada. Finalmente, sentí como una mano se colocaba ante mis ojos y entonces pude fingir que ya no estaba allí.

Un año más tarde, iba caminando por la casa de mis abuelos mirando fotografías antiguas de mi madre y sus hermanos. Vi a mis abuelos cuando eran jóvenes, a mi propia madre cuando tenía mi edad y la felicidad que había en el rostro de todos ellos. Entonces me sorprendió ver la imagen de un hermoso chico. Parecía feliz y seguro. No lo reconocí. Le pregunté a mi madre quién era aquel chico tan joven y apuesto, y me impactó descubrir que era mi tío. Mi madre me contó todo sobre él. Que una vez fue bello y muy seguro de sí mismo. Que fue muy admirado durante su adolescencia, se alistó en el ejército y se comprometió con una chica. No sólo había sido una persona totalmente normal, sino un chico con un futuro muy prometedor. ¿Cómo puede alguien convertirse en aquel hombre que yo vi en el comedor? Un hombre incomprensiblemente pálido, casi calvo y enfermo a los veinticinco años.

El incidente con mi tío tuvo un profundo impacto en mí como niña, pero también me ha afligido en mi vida adulta. Una semilla de miedo se había plantado en mi mente y, como ocurre con cualquier otro miedo, creció y se expandió casi inadvertidamente durante años. Lo que había sido un miedo de mi tío violento lentamente se fue convirtiendo en un miedo de convertirme en alguien como él.

Nunca me explicaron la naturaleza de su enfermedad y la causa de sus arrebatos cuando era una niña. Me sentí impotente, y como resultado, mi imaginación llenó los espacios vacíos. Al no saber nada sobre aquello, adopté la creencia de que lo que él tenía era contagioso.

Recuerdo que cuando pasaba por su lado aguantaba la respiración y aceleraba el andar por miedo a contraer la enfermedad que él tenía. En retrospectiva, creo que una explicación tampoco me habría ayudado. No habría sabido lo que era realmente la esquizofrenia. Sólo habría escuchado palabras como "hereditaria" y "predisposición genética", y el mismo miedo habría adoptado un nuevo rostro. Después de todo, él es de mi misma sangre.

Esta idea de que todas las enfermedades eran contagiosas permaneció conmigo hasta mi adultez. Recuerdo muchas ocasiones en las que aguantaba la respiración cuando me enfrentaba a algo que activaba este miedo ilógico. Un día en Santa Mónica estaba de compras con mi hijo mayor, David, que entonces tenía seis años, con un jugo de manzana en la mano, disfrutando de un hermoso día. Cuando pasamos por el lado de un indigente que iba parloteando consigo mismo, me sorprendí a mí misma aguantando la respiración hasta que terminamos de pasar de largo. En otra ocasión, estaba haciendo una carrera de 32 kilómetros; mi corazón latía rápidamente mientras alcanzaba mi ritmo óptimo. Cuando giré en una esquina y pasé una intersección, me crucé con una indigente que empujaba un carrito de la compra y hablando consigo misma en voz alta. En plena carrera, en pleno ejercicio cardiovascular intenso, aguanté la respiración cuando pasé por su lado.

Créeme, sé muy bien lo extremadamente ridículo que era creer que las enfermedades mentales, la esquizofrenia específicamente, eran algo que podía contagiarse. Pero es un claro ejemplo del poder del miedo ilógico. Si no tomamos conciencia de ellos, estos miedos continúan vivos y creciendo. Mi miedo a la esquizofrenia estaba enmascarando mi miedo real. Lo que en realidad temía era la naturaleza impredecible, indescriptible e incontrolable de la vida. Durante muchos años no lo supe, pero, afortunadamente, comprenderlo me salvó la vida.

CAPÍTULO 6:

La anorexia:
No tengo que comer

Cuando tenía doce años, recuerdo una agradable noche de verano en la que iba caminando a casa tras haber cenado en un singular restaurante italiano local con mi hermana, que tenía entonces dieciséis años. Decir que la tenía en un pedestal se queda corto para lo mucho que la estimaba. Ella estaba en secundaria, era admirada y popular, y se movía por la vida con un aire de serena confianza en sí misma. Yo me sentía especial sólo porque ella quisiera ir a cenar conmigo y eligiera pasar tiempo conmigo. Me encantaba estar con ella, y ella personificaba muchas de las cosas que en aquel momento yo aspiraba a ser.

A los doce años todavía era una niña en muchos sentidos. Aquella noche en particular llevaba puestos unos pantalones cortos con una camiseta sin mangas para ir fresca en el calor del verano y poder hacer alguna voltereta en el momento apropiado. Mientras volvíamos a casa, mi hermana caminaba detrás de mí y yo empecé a saltar y me adelanté corriendo. Era menuda y como un hada, siempre energética y juguetona. A menudo iba alternando mis pasos entre caminar, saltar y correr. Cuando nos acercábamos a nuestra cuadra, corrí hacia la puerta principal. Cuando ella me alcanzó, se dio la vuelta y con un sereno respeto dijo: "Veo que ya está ocurriendo; estás empezando a tener celulitis en la parte trasera de tus muslos. Tienes que empezar a cuidar lo que comes". Y señaló mis piernas para enfatizar su observación.

¿Celulitis?

Intenté encontrarle sentido a lo que había dicho. ¿Estaba empezando a tener celulitis? Ni siquiera sabía qué significaba realmente aquello, pero sonaba a algo que no quería. Ahora me doy cuenta de lo ridículo que fue aquel comentario, más aún cuando en aquel momento todavía no había atravesado la pubertad. Mi figura era todavía masculina, sin un atisbo de curvas a la vista. Me abrumó la preocupación. En lo único que podía pensar era: "¿Cómo detengo esto? ¿Significa que voy a tener sobrepeso?". Corrí directamente a casa y me metí en el lavabo para inspeccionar mis muslos más detenidamente. Busqué cualquier indicación de aquellos "cambios" que mi hermana había visto. Era la primera vez que me preocupaba por mi peso. Allí se plantó otra semilla de miedo, y como ahora ya comprendemos acerca del miedo, esa semilla empezó a crecer raíces. Cinco años más tarde, desarrollé un trastorno alimentario. Cuando me senté a recordar aquella noche, me di cuenta de que fue un momento que verdaderamente me causó un gran impacto. No creo que mi hermana lo dijera para herirme o menospreciarme. De hecho, pienso que si hubiera sabido cuánto me iba a doler, se habría abstenido de decir algo desde un principio.

A través de mi trabajo en Something for Kelly (Algo para Kelly), una fundación que aboga por la educación, el empoderamiento y la conciencia de los individuos con trastornos alimentarios, he compartido que la anorexia es una enfermedad que puede activarse por una multitud de factores externos. El simple hecho de escuchar unas palabras e interiorizar ese miedo y esa confusión marcó el inicio de mi lucha.

Nuevos descubrimientos científicos están probando que los trastornos alimentarios y otras enfermedades hereditarias son catalizados por diversos factores, siendo los tres principales las dinámicas familiares disfuncionales, sentimientos de exclusión en grupos sociales e influencias externas negativas. Las influencias externas incluyen el retrato imposible e irrealista de los cuerpos de mujeres que aparecen en las portadas de todas las revistas. Podemos decir con certeza que casi todos nosotros hemos experimentado uno o más de estos tres factores. Aunque el comentario de mi hermana fue lo que se quedó en mi recuerdo, hubo muchos otros factores incontrolables que contribuyeron a mi experiencia.

Mi primer episodio con la anorexia ocurrió a los diecisiete años, cuando no comí prácticamente nada durante una semana entera. Todos mis amigos se iban a universidades lejanas y empezaban a vivir de forma más independiente. Yo iba a quedarme en la universidad local y me sentía triste y abandonada. Hasta aquel momento mis padres habían tenido reglas estrictas acerca de cuándo podía salir de casa y con quién pasaba mi tiempo. Aunque sé que su sobreprotección nacía de un deseo de que no me pasara nada malo, todavía me sentía abandonada. Antes de que se marcharan, cinco de mis amigas más cercanas y yo íbamos a pasar las vacaciones de primavera de nuestro último año de instituto en Hawái. Estaba muy ilusionada por el viaje, pero también sentía temor. Este viaje me llevaba a darme cuenta de que todo estaba a punto de cambiar. En lugar de mitigar esa preocupación, puse toda esa energía en cómo iba a verme en traje de baño.

Sentía una presión cada vez mayor. No tenía

sobrepeso; de hecho, era talla S. Mis problemas con la comida nunca empezaron por un deseo de perder peso; siempre había tenido un peso saludable y consistente. Era muy activa y practicaba gimnasia, ballet y claqué. Pero empecé a sentir que perdía el control de mi vida. No me preocupaba abstenerme de la comida; era mi cuerpo y podía controlarlo. Durante aquella semana perdí unos tres kilos. Cuando llegué a casa después del viaje, y el énfasis en "las cosas nunca volverán a ser igual" fue disminuyendo, volví a comer con normalidad. Esta fue la primera señal de alarma, una señal que todos ignoramos. Los trastornos alimenticios no eran prevalentes entre mi familia y mis amigos, y yo no entendía realmente lo que era la anorexia. Lo único que sabía es que sentirme en control de mi cuerpo me daba la sensación de tener el control de mi vida.

De inmediato, la comida se convirtió solamente en algo que podía controlar. De hecho, me sentía más fuerte por no desearla en absoluto, por poder dictar cuándo decidía comer en lugar de comer como una reacción a la sensación de hambre de mi cuerpo. Este era mi intento de recuperar el control. Puesto que no podía controlar mi vida, me sentía avergonzada y no merecedora de cosas buenas. Creía que merecía lo mínimo de lo mínimo en todos los sentidos, y la comida desempeñaba un papel importante en esa creencia. No podía ver la correlación total entre sentirme no merecedora y no comer. En pocas palabras, me sentía tan emocionalmente vacía por dentro que me hice físicamente vacía. Esta no es una forma de pensar lógica, precisamente por eso se trata de un trastorno. Todavía recuerdo mi régimen diario de comidas.

DESAYUNO
Tomaba una taza de café solo con edulcorante, medio pomelo o un trozo de papaya, seguido de dos horas de ejercicio.

ALMUERZO
Una botella grande de 1.5 litros de agua de la marca Crystal Geyser, que llevaba conmigo a todos lados. Los días que sentía que podía desmayarme en la autopista de regreso a casa de la universidad, me comía un dátil o unas cuantas uvas pasas.

CENA
Vegetales al vapor (normalmente coles de Bruselas) o sopa de vegetales sin aceite.

Este deseo de tener el control resultó en una batalla de cinco años contra la anorexia y un trastorno dismórfico corporal. Fue la época más oscura y dura que había experimentado hasta ese momento. Me sentía sola, perdida, y no tenía ni idea de quién era.

Nunca había creído que nadie estuviera destinado a vivir una vida infeliz, ni siquiera durante aquella época de mi vida, y sin embargo no me aplicaba esa creencia a mí misma. No sentía que merecía amor ni felicidad; por lo tanto, nunca me di el permiso ni la voz para expresar esos deseos. En su lugar, la frase que estaba constantemente en mi cabeza era: "¿Cómo puedo atreverme a pedir algo?". Esta es la voz de la vergüenza. La vergüenza es el temor de que si las personas sabían algo sobre ti dejarían de amarte o aceptarte. La vergüenza es no sentirse merecedor; que si nos comportamos de una determinada forma dejaremos de merecer ser amados.

Así me sentía todo el tiempo. Me sentía avergonzada de mí misma, de mi cuerpo y de mi decisión de no comer porque sabía que debía estar poniendo mi energía en algo más importante.

Tenía un ritual diario. Iba al lavabo y llevaba a cabo la prueba del pellizco, apretando los trozos de mi piel entre mi dedo pulgar y el índice para asegurarme de que no hubiera depósitos de grasa. A veces hacía esto más de una vez al día y, si soy sincera, lo hacía cada vez que pasaba por un espejo en privado. Llevaba a cabo una investigación exhaustiva, asegurándome de que no hubiera ningún signo de grasa o celulitis. Ningún signo de vergüenza. Examinaba mi cuerpo detalladamente y aun así no podía ver el daño que le estaba haciendo a mi cuerpo. La curación no puede ocurrir hasta que uno no es consciente del problema. Yo no iba a sanar hasta que no pudiera ver claramente lo que estaba haciendo. Afortunadamente, pude verlo una trascendental mañana.

Estaba en plena prueba del pellizco matutina, cuando vi mi reflejo en el espejo. Mi reflejo real. Una desconocida esquelética e irreconocible me devolvió la mirada. Estaba horrorizada. Busqué a la persona que pensaba que yo era y no pude encontrarla. Empecé a sudar y entré en pánico. Grité a mi madre con todas mis fuerzas: "¡MAMÁ, MAMÁ, VEN MAMÁ!". Mi pobre madre. Se le dispararon los nervios porque le preocupaba que el daño que le estaba haciendo a mi cuerpo fuera irreversible. Yo estaba conmocionada por lo que me había hecho a mí misma. Era la primera vez que podía ver la destrucción que había ocasionado. La mujer esquelética del espejo no había sido creada por nadie más que yo. Finalmente, mi miedo sano había llegado.

Había estado parada frente a un precipicio, con los dedos de mis pies colgando del borde, durante cinco años seguidos. El mismo miedo que tenía de pequeña a lo desconocido, a la imprevisibilidad de la vida, a lo incontrolable, me había vuelto a atrapar. Aquel día, cuando me vi en el espejo, mi miedo sano me salvó. Se puso en marcha. Y yo di un paso atrás.

CAPÍTULO 7:

David: Todavía no tengo el control

Dos años después de recuperarme de la anorexia, me quedé embarazada de mi primer hijo y el mayor, David. Por primera vez durante mucho tiempo no le tenía miedo a la comida y concedía los deseos de mi cuerpo. Aunque la forma creciente y cambiante de mi cuerpo era incómoda, era consciente de que era para algo mucho más grande. Esto fue lo primero que tuve que soltar en mi proceso de convertirme en madre. El siguiente desafío fue el parto, algo en lo que me negué a pensar hasta que llegó el momento de dar a luz.

Con veinticuatro años, pensé que simplemente entraría en el hospital tranquilamente. Esperaba tener dolores durante un rato, empujar, sentir algo de incomodidad, empujar un poco más, y luego, simplemente, él nacería. Como ocurre en las películas. Casi podía escuchar a las madres ahí fuera riéndose de mi ingenuidad. Cualquiera que haya dado a luz sabe que no es algo en lo que entras ni sales tan tranquilamente.

La realidad fue que estuve en labor de parto durante veintitrés horas, de las cuales tuve contracciones de forma consistente por veintidós horas. Durante todo aquel tiempo, sólo había dilatado un centímetro, y no me estaba acercando al momento de dar a luz. Me había comprometido conmigo misma a tener un parto natural y no iba a ceder en esa decisión, pero la vida tenía otros planes. A la decimoctava hora, estaba tan exhausta que me desmayaba entre las contracciones. Mi ginecobstetra me recomendó la epidural, pero yo continué resistiéndome. También continué desmayándome. Finalmente, cuando se agotaron mis energías por completo, acepté la medicación.

Como me dijo la abuela de una amiga: "Durante el parto no hay nada de lo que preocuparse en absoluto, porque te diré un secreto: al final el bebé siempre sale". Lamentablemente, este consejo no te dice mucho sobre el proceso.

A lo largo de mi vida, hasta ese mismo momento, había intentado controlar todo aquello que me daba miedo. La experiencia de dar a luz a David fue la primera vez que me entregué a algo que estaba totalmente fuera de mi control. Siempre que me encontraba cara a cara con algo que temía, intentaba controlar, ignorar o huir de ello. No podía huir; no tenía opciones, David tenía que nacer. En mi mente, que me pusieran la epidural era una manera de rendirme, pero como verás más adelante, esa no es la entrega tal como he llegado a entenderla.

CAPÍTULO 8:

Joshua: Mi cuerpo me ha traicionado

Durante mucho tiempo tuve la creencia errónea de que si estás en un camino espiritual nada malo puede ocurrirte. La espiritualidad no es una garantía de seguridad. No te garantiza que algo "malo" no pueda ocurrirte, no te esconde del dolor ni te protege de la vida. No detiene la incidencia de tu proceso.

La espiritualidad no te salva de la dificultad; te guía a través de tus experiencias para que puedas aprender y crecer con ellas. Como ya he explicado, mi miedo siempre se manifestaba haciéndome sentir que no tenía el control, temiendo lo desconocido. Mi capacidad de confiar había crecido exponencialmente; de tener confianza en el Creador, de tener la certeza de que todo se estaba desarrollando por mi propio bien.

Uno de los momentos más importantes que cambió mi vida fue cuando nació mi segundo hijo, Josh. El embarazo había sido difícil y el parto de Josh fue complicado, culminando en una cesárea de urgencia. Había sentido muchas dudas y miedo a lo largo del embarazo. Sangré durante los primeros tres meses, casi sufrí un aborto y mi barriga era mucho más pequeña que en mi primer embarazo. De hecho, se mantuvo lo suficientemente pequeña como para que la gente lo comentara, y a menudo. Con cada mes que pasaba, en lugar de estar ilusionada por que llegara el día de conocer a mi nuevo hijo, mi inquietud iba en aumento. Intuitivamente, sabía que mi vida cambiaría para siempre después de dar a luz, y no en la forma que cualquiera anticiparía.

El parto de Josh fue distinto en todos los sentidos de mi experiencia con David. Esta vez lo comencé con miedo. No podía detener la angustiosa sensación de que algo iba a ir mal. Mis esperanzas de tener un parto natural fueron coartadas de nuevo. Mi cesárea fue programada a las siete de la mañana, y mientras me ingresaban en la camilla, ya tenía una idea de que la sala de parto sería una especie de auditorio con estudiantes de medicina sin rostro tomando notas. Todo era brillante, fluorescente, frio; el aire era estéril y penetrante. Los médicos y las enfermeras se movían con intención en todas direcciones, hablando de golf y del tiempo. Tenía un panel sobre mi pecho que tapaba mi visión de cualquier cosa que sucediera abajo. Sentía que todo estaba mal. Me sentía confundida y mareada. Intentaba hablar y no podía. Michael, mi esposo, estaba conmigo cuando estaban abriendo mi cuerpo. Me sentía como una rana diseccionada en una clase de ciencias de quinto grado. Me sentía vulnerable. Mi mente estaba aturdida e intentaba desesperadamente mantenerme consciente y entender lo que estaba ocurriendo.

Finalmente, me colocaron un bulto pequeño y cálido sobre mi pecho. Sentí un baño de alivio. Pero entonces me lo quitaron. ¿Por qué no podía seguir sosteniéndolo? Escuché al médico decir: "Oh, Monica, este ha sido el problema todo este tiempo. Mira lo delgado que es el cordón umbilical. Por eso tu barriga ha sido tan pequeña durante estos ocho meses".

En recuperación, finalmente empecé a ver el futuro con esperanza por primera vez en ocho meses. La niebla empezaba a disiparse y lentamente iba recobrando mi lucidez. Más tarde supe que me habían dado morfina y mi aturdimiento y posterior incomodidad habían sido el resultado. Sentí alivio. La cirugía había finalizado, los efectos de la epidural empezaban a remitir y mi bebé recién nacido estaba durmiendo plácidamente en su cuna a mi lado. Fue una experiencia caótica, pero una vez que estuve al otro lado de ésta, mientras estaba acostada en mi cama, descansé con el pensamiento de que todo se había desarrollado perfectamente. La inquietud que había sentido durante el embarazo había quedado atrás. Y entonces alguien llamó a la puerta.

Era el médico asociado con mi pediatra, quien tenía un parecido asombroso con el personaje de Robin Williams en la película Patch Adams. Me alegró verlo y conversar finalmente con él sobre mi bebé recién nacido. Me preguntó dónde estaba mi esposo y le contesté que había ido a buscar a David. Proseguí explicándole que David había esperado durante mucho tiempo un hermano, que me había estado rogando durante un año, y que estaba más que ilusionado de conocer a su nuevo hermanito. "Lamentablemente, esto no puede esperar", contestó.

"Mi esposo estará de vuelta en unos diez minutos", dije. De inmediato supe que algo iba mal. Él continuó diciendo, sin pestañear: "Estamos seguros en un 99% que su hijo tiene Síndrome de Down". Mi corazón empezó a bombear, las palmas de mis manos empezaron a sudar e, instintivamente, se activó mi respuesta de huida. Quería saltar de la cama y salir corriendo de la habitación.

Se abrió una trampilla entre mis costillas y mi corazón cayó por ella.

Todo empezó a cobrar sentido. Había experimentado manchado a los dos meses de embarazo. Había tenido calambres y sangrados de forma consistente. Todo el mundo insistía en lo pequeña que era mi barriga. Ni siquiera parecía que estaba embarazada. No podía hacer ejercicio sin sentirme fuertemente indispuesta. Con David, corría cada día hasta los últimos meses y luego hice natación durante las últimas semanas. Con Josh, no podía. El día que quedé embarazada de Josh fue el día que todo cambió. En algún lugar dentro de mí sabía que estaba ocurriendo algo tan profundo, que sentí que tenía que tomar una pausa. Sentí como si estuviera conteniendo mi respiración hasta que sintiera que era seguro volver a respirar. La sensación de conmoción dio paso a un sentimiento de insuficiencia y luego a una vergüenza devastadora. Me sentía como si hubiese fracasado. Sentía que le había fallado a él. Le había fallado a Michael. Mi cuerpo me había traicionado.

¿Pero por qué tenía que ser su mente? De todas las cosas, de todas las complicaciones, de todas las aflicciones posibles. ¿Por qué su mente? Volví a tener ocho años de nuevo, asustada, queriendo cubrirme los ojos y hacer que todo desapareciera.

Dos días después del nacimiento de Josh, un equipo de médicos nos sentó a Michael y a mí para hablar sobre Josh. Sentían que de alguna forma no estábamos comprendiendo plenamente el diagnóstico de Josh, así que se ocuparon de hacer una lista de todos los problemas que Josh podría tener; cada uno de ellos una pesadilla para cualquier padre. La lista de posibles aflicciones era larga: podía tener un agujero en el corazón, podía ser susceptible a tener ataques epilépticos, y podían pasar años antes de que pudiera intentar comer algo sólido. Aquella lista que parecía interminable fue seguida de otra lista de cosas que él nunca podría hacer. Cosas normales que cualquier niño merece hacer, como practicar deportes, vivir de forma independiente o tener una vida rica en experiencias gozosas.

Parecía como si nos estuvieran pidiendo que renunciáramos a cualquier cosa positiva asociada con Josh. Pero en realidad se sentía como si nos estuvieran pidiendo que nos rindiéramos. Que abandonáramos toda esperanza con respecto a nuestro hijo. Teníamos veintisiete y veintiocho años, y estábamos aterrorizados. Josh acababa de nacer, llevaba en el mundo tan solo 48 horas, y así era como lo estábamos recibiendo. La incertidumbre y el miedo empezaron a recorrer mi cuerpo tanto como el oxígeno. No podía imaginar cómo iba a ser el resto de nuestras vidas. Pero recuerdo que pensé: puedo elegir. Puedo alimentar el miedo de la realidad que los médicos están planteando, puedo sucumbir a mis propios miedos sobre cómo criar a un niño con Síndrome de Down puede afectarme a mí y a mi familia, o puedo sintonizarme con la belleza y el potencial de lo que podría llegar a ser él y, por lo tanto, de quién podría llegar a ser yo.

Actualmente Josh tiene quince años. Está feliz, sano y viviendo la vida en su mejor versión. La ansiedad y el posterior pánico que experimenté durante mi embarazo y el parto de Josh fueron abrumadores en algunos momentos. Era algo absolutamente nuevo para mí; sentía que era algo más grande que yo en todos los sentidos. Me había enfrentado antes a desafíos, y aunque había miedo implicado, tenía un cierto nivel de confianza en mis herramientas y mi capacidad. Esta vez no sabía qué hacer. Lo que me había funcionado antes ahora no me funcionaba. La ansiedad fue aumentando hasta convertirse en desesperación y finalmente tuve que soltar. Tuve que aceptar lo que era porque no tenía otra elección.

Con respecto a Josh, muchas de las cosas que temía nunca llegaron a suceder. Y lo mismo ocurre con la vida. Muchas de las cosas que tememos usualmente nunca se convierten en realidad; son aquellas en las que nunca pensamos o consideramos posibles las que en realidad nos afectan. En aquel momento, sentía que estaba en el limbo mientras esperaba tener los resultados de las pruebas o esperaba tener más respuestas con respecto a él, sobre cómo criarlo, sobre qué podía esperar y qué debía hacer. Hasta estuve preocupada por su adolescencia, algo que estaba tan lejos en el camino.

Se me brindó la oportunidad de poner mi certeza a prueba y soltar.

La certeza se presenta así: me siento incómodo. No sé qué hacer. He probado todas las opciones. Confío plenamente en este proceso porque confío plenamente en el Creador y sé que todo lo que ocurre es, en definitiva, lo mejor para mí.

En lugar de esperar saber exactamente cómo iba a ser su desarrollo, decidí elegir cómo quería vivir en cada momento y dar voz a ese deseo en lugar de a mis miedos. A lo largo de los primeros meses después de su nacimiento, me di cuenta de que nunca sabemos cómo se acabará desarrollando nadie. Después de todo, ¿quién es típico? Sucedió que yo me enteré de las limitaciones de Josh el día de su nacimiento, pero tengo toda su vida para descubrir sus dones. La mayoría experimenta la vida al revés. Me di cuenta de que todos tenemos procesos en nuestra vida y que ese es el propósito. Así pues, en lugar de esperar las respuestas, decidí soltar todo el miedo y aceptar a Josh. Este proceso no sucedió de un día para el otro, sino más bien con el paso del tiempo, el pensamiento introspectivo y el compromiso de ver la belleza en lo más desafiante y tener certeza en el proceso.

Lo que escuchamos de nuestros médicos aquel día pudo habernos llenado de un miedo lo suficientemente poderoso como para hundirnos y distanciarnos. Aun así, aunque parecía ser un miedo real, no lo era. Era preocupación, que es un subproducto del miedo y nos sirve también de muy poco. Da la ilusión de acción, aunque en realidad no te lleva a ninguna parte. Puede dar la sensación de que estás haciendo algo al preocuparte sobre el problema, pero no estás avanzando; ni estás alejándote del miedo, ni caminando hacia algo mejor. Tal como dijo Corrie ten Boom: "La preocupación no elimina los problemas del mañana, sino que elimina la fuerza de hoy". Leía esta cita a diario durante los primeros tres meses de vida de Josh.

CAPÍTULO 9:

Miriam:
La verdadera entrega

El diagnóstico de Josh me dio la oportunidad de hacer una elección. La elección de soltar el miedo y aceptar plenamente lo que era. Solté mi miedo y mi ansiedad y me adentré en la entrega. No obstante, aunque había llevado a cabo mi elección, aunque ahora tenía esta nueva conciencia, mi mente y mi cuerpo necesitaban tiempo para ponerse al día. Después de Josh estaba traumatizada y, aunque tenía una nueva comprensión, estaba invadida por el miedo. Había tomado la decisión de aceptar lo que era, pero cargaba con el residuo de mi experiencia más reciente. Mis glándulas suprarrenales estaban exhaustas debido a todo el estrés al que estuve sometida y no disponía de ningún mecanismo efectivo para superarlo. No reconocía esta versión de mí misma.

Durante aquella época, en mis conversaciones me refería a las cosas como "antes de Josh" y "después de Josh". Esa era la medida en la que mi mundo se había revolucionado. Antes de tener a Josh, me sentía segura y valiente. Me encantaba atreverme a hacer cosas osadas y originales. Por ejemplo, de entre mis primos y mi hermana menor, yo era la persona decidida que arrancaba los dientes de bebé. Era la que siempre me mantenía en calma, relajada y sosegada en medio del caos. Nada me desconcertaba. No me importaba ver sangre y me atraían las cosas salvajes o temibles. Entonces llegó Josh. De repente, ver sangre hacía que me desmayara. Era indescriptiblemente extraño haber sido de una manera durante veintisiete años de vida, sólo para encontrarme en otra realidad totalmente distinta.

Recuerdo una noche en particular en la que escuché un golpe, seguido de un grito y el sonido de unas pisadas de niño que corrían hacia mi dormitorio. En la oscuridad, me encontré con mi hijo David en plena carrera. Dijo que se había caído y se había dado un golpe en la cabeza. Lo acerqué a mi pecho y lo sujeté con fuerza, y luego lo arropé en mi cama. Entonces fui al lavabo, encendí la luz y, para mi horror, mi camiseta blanca estaba cubierta de sangre.

El corazón se me empezó a acelerar, me empezó a faltar el aire y, como todavía estaba medio dormida, me levanté la camisa para ver de dónde procedía la sangre, buscando por mi cuerpo para encontrar el origen. Al no encontrar nada, me di cuenta de que provenía de David.

Cuando encendí la luz, me encontré mi cama llena de sangre y una herida en la frente de David de la cual brotaba sangre. Luego descubrí que David había tenido una pesadilla nocturna y había ido corriendo hacia nuestra habitación en busca de consuelo. En la oscuridad, el pie se le enredó con las mantas y salió despedido hacia el filo de su puerta medio abierta, haciéndose un corte en la frente.

Al darme cuenta de la gravedad de su herida, desperté a Michael y él se llevó a David abajo para prepararlo para ir al hospital a que le pusieran puntos. Entonces mi visión se fue haciendo borrosa, empecé a verlo todo negro y me desmayé. Tuve suerte de no acabar necesitando puntos yo también.

El episodio de mi desmayo me hizo darme cuenta de lo lejos que me había llevado el miedo. Me había convertido en una persona temerosa, ¡y esa no era mi personalidad! Me pregunté: "Espera un momento, ¿quién eres ahora? ¿Y cuán temerosa vas a volverte a medida que te hagas mayor?".

Sobra decir que cuando llegó el bebé número tres, el miedo y la incertidumbre vinieron con ella.

Quedé embarazada de mi hija tres meses después del nacimiento de Josh. Quedé embarazada rápidamente de forma intencionada, porque sabía que, si no lo hacía, estaría dejando que mis miedos acerca del embarazo y el nacimiento de Josh se apoderaran de mí. Podría no haber tenido más hijos. Fue lo más valiente que había hecho nunca.

Mi experiencia previa no sólo había sido traumática, sino que además, después de un nacimiento con Síndrome de Down, hay más posibilidades de que el siguiente bebé también tenga Síndrome de Down. Sabía que no podía permitir que este miedo entrara en mi experiencia y que dependía de mí conectarme con la certeza.

Puesto que mi experiencia previa fue tan problemática, empecé a buscar otro médico y, con él, una experiencia distinta. Nada de lo que había sucedido había sido culpa de mi médico, pero había ciertas cosas que sentía que se podrían haber manejado de forma distinta a lo largo del proceso. Un ejemplo: justo después de recibir el diagnóstico de Josh, escuché a alguien en el pasillo silbando despreocupadamente una canción. De repente se detuvo y mi ginecobstetra entró. Nos habló brevemente sobre Josh y luego salió de la habitación. La puerta todavía no se había cerrado del todo cuando retomó la canción y se puso a silbar de nuevo. Sentí una clara falta de empatía. Posteriormente, durante el embarazo de Miriam, cada vez que me llamaba y veía su nombre aparecer en la pantalla de mi teléfono, el corazón se me detenía por un momento y me preparaba para recibir malas noticias. No es una reacción muy sana ante la llamada de tu médico. Un par de amigos me dieron algunas referencias, cada una de ellas peor que la anterior. El primer médico al que vi era tan mayor, que me preocupaba que se retirara (o se muriera) antes de yo dar a luz. El segundo olía a cebolla y no podía soportar estar en su oficina. La tercera doctora, sin duda la más entretenida, aunque a expensas de mí, tenía una extraña fijación con las figuritas de ranas hechas de vidrio, plástico y cerámica. Al entrar en su oficina vi cientos de ranas grandes y pequeñas que cubrían cualquier espacio disponible: el suelo, las paredes y el techo daban cobijo a estos anfibios coleccionables. Incluso recuerdo que ella llevaba unos pendientes en forma de rana. Al principio me resultó interesante, casi adorable. Lamentablemente, resultaron ser engañosas.

Nos sentamos y empecé a contarle mi historia, cuántos hijos tenía, le conté mi reciente experiencia con el parto de Josh, y luego le dije que tenía cuatro semanas de embarazo de mi tercer hijo. Ella me miró fijamente a los ojos y, con un marcado acento y sin parpadear, replicó: "Usted, con su MALDITA SUERTE, ¿por qué tiene más bebés? No. No más bebés para usted".

Mi marido se levantó de golpe de la silla soltando una carcajada y caminó hacia la puerta; él no necesitaba escuchar más, mientras que yo me quedé sentada, atónita, boquiabierta y enganchada a la silla. Claramente, la doctora no me había entendido. Articulando con cuidado mis palabras y hablando mucho más lento, le dije: "No, creo que no me entiende, YA tengo cuatro semanas de embarazo". Y señalando mi vientre para enfatizarlo, dije: "Estoy embarazada ahora".

"No, no. No más bebés para usted", dijo más enfáticamente, mientras su pendiente en forma de rana me miraba como si afirmara su argumento. En ese preciso momento decidí que mi anterior médico no estaba tan mal. Hizo falta una búsqueda con un final entretenido, aunque brusco, para darme cuenta de que mi primer médico era un gran médico y que teníamos mucho camino recorrido juntos. Sin embargo, también era necesaria una conversación sincera y quería darle la oportunidad de decidir si podía ser el médico que necesitaba que fuese.

Le dije que, aunque no lo culpaba ni lo hacía responsable de lo que había sucedido, no me gustó cómo había manejado el sorprendente diagnóstico de Josh y que a sus acciones y palabras les faltó empatía. Proseguí diciendo que todavía estaba afectada por aquella experiencia, especialmente porque sólo habían pasado tres meses desde el nacimiento de Josh. Ahora estaba preparándome para otros nueve meses de incertidumbre (o así lo sentía en ese momento) y si él quería seguir siendo mi médico iba a necesitar que estuviera presente. Después de todo, también era su elección. Pero yo necesitaba que él entendiera claramente mis necesidades.

También le expliqué que probablemente iba a llamarlo a menudo con preguntas ridículas y preocupaciones infundadas, y que posiblemente iba a estar más nerviosa y agitada que antes. Si él no podía ser el tipo de médico que yo sentía que necesitaba, entonces quería saberlo. Él aceptó todo lo que dije y apreció que compartiera mis sentimientos y mis miedos con él. De hecho, me dio las gracias por ser tan sincera y, aunque no lo dijera, creo que le gustó que le pidiera hacerse cargo de la situación. Al mismo tiempo, yo sentí alivio. Desde aquel momento, pude concentrarme en el bebé que estaba creciendo dentro de mí.

Empecé a hablar con ella. Cada día que estaba en mi vientre le contaba cómo iban a ser las cosas. Eres fuerte y sana. Llegarás a este mundo con facilidad y con gracia.

Pues bien, parece que ya entonces Miriam tenía sus propias intenciones, puesto que no siguió para nada mis instrucciones de llegar con "facilidad y gracia". Miriam está muy segura de lo que le gusta y de cómo quiere que se hagan las cosas. Cuando llevaba dos semanas pasada mi fecha, me hacía revisiones frecuentes y en una de éstas nuestro médico dijo que si no daba a luz en dos días, iba a tener que inducir el parto. Eso es todo lo que Miriam necesitó oír y, de repente, mientras salíamos de la consulta del médico, empecé a tener contracciones leves. En ese mismo instante, el miedo empezó a instalarse en mí.

A la mañana siguiente, cuando entré en labor de parto, Michael y yo llegamos al hospital, pero mi médico no había llegado todavía. Cuando el miedo pasó a un primer plano y mi cerebro racional empezó a desconectarse, empecé a rogarle a Michael en el estacionamiento que era mejor que nos marcháramos y fuéramos a casa un rato. El médico ni siquiera estaba allí, y podíamos regresar más tarde. No estaba pensando con claridad, y aunque sabía que no podía escapar del parto, iba a intentar retrasarlo. Él me convenció de que saliera del auto, me convenció de que me quedara en la sala de espera, pero al cabo de un rato decidí que iba a marcharme. Cuando estaba a medio camino por el pasillo, escuché la voz de mi médico detrás de mí, que dijo: "¿Adónde te piensas que vas?". En aquel momento acepté que no tenía escapatoria.

Estuve dieciocho horas en labor de parto. Mis mentores, que por la gracia de Dios eran también mis suegros, el Rav y Karen Berg, estaban allí ofreciendo amor, apoyo y oración. Querían estar allí para mí, especialmente después de mi reciente experiencia con Josh. Pero era justo antes de la festividad de Shavuot, y los miles de estudiantes del Centro de Kabbalah de todo el mundo que iban a asistir a los servicios ya estaban en el hotel, que estaba a dos horas de trayecto sin tráfico. Para empeorar las cosas, el inminente evento tenía que empezar en cuatro horas. El reloj iba marcando los minutos, y esto sólo servía para añadir la presión adicional del tiempo.

Miriam, fiel a su estilo, tenía otra idea en mente y el parto se detuvo. Mis planes de tener un parto natural se vieron frustrados de nuevo cuando el equipo médico me administró una dosis de Pitocin, un inductor del parto. Pensaba que conocía muy bien lo que era el dolor después de mis dos primeros partos, pero ese medicamento es como un tren que te arrolla a máxima velocidad. El dolor era abrumador. Casi de inmediato me dieron otro medicamento, algo que me hizo sentir serena, pero también confusa. Miré a Michael. Estaba distraído, con los ojos llenos de preocupación mirando intensamente los monitores, y el anestesiólogo iba tirando objetos de las estanterías en una búsqueda frenética de algo. En el estado mental en el que me encontraba, me pareció una escena entretenida, como si estuviera viendo una película.

Más tarde me dijeron que mi ritmo cardíaco y el de mi hija habían descendido peligrosamente. En ese momento, en un estado de confusión por las medicaciones, estaba en un lugar que parecía un callejón sin salida, y allí encontré una gentil claridad. Sabía que la ayuda que necesitaba iba a venir de algo mucho mayor que un médico, un anestesiólogo o un hospital. Desde mi camilla, alcé la mirada hacia el techo y le susurré al Creador: "Soy Tuya, y me entrego a Ti totalmente. Confío en Ti. Lo que tenga que ser, que sea". No quería abandonar el mundo en aquel día, pero estaba preparada para cualquier cosa que tuviera que ocurrir. Sentí una certeza y una confianza totales.

Entregarse no es rendirse ni darse por vencido. Es el acto de no saber cuál será el resultado y ponerte en las manos del Creador. *Soy tuya.*

Fue la primera vez que experimenté la verdadera entrega, y fue el sentimiento de libertad más maravilloso que había experimentado en mi vida. Ya no estaba apegada a nada; no estaba gobernada por nada, y no tenía miedo de nada. Simplemente era. Es la expresión más pura y elevada a la que podemos aspirar y está a nuestra disposición en cualquier momento. Dos minutos después de mi entrega, Miriam nació.

En retrospectiva, ahora veo que cada uno de mis embarazos me ha dado nuevas oportunidades de eliminar el miedo y comprender la certeza de una forma aún más profunda. Necesitaba mi experiencia con Josh, el miedo y la ansiedad, para poder soltar de verdad. Esa desesperación y ese agotamiento me forzaron a soltar, a embarcarme en la entrega por primera vez. El nacimiento de Miriam fue mi oportunidad de experimentar esa entrega en acción.

A medida que trabajamos para eliminar el miedo, podemos comprender que lleva un tiempo. Requiere dedicación. Cuando decidimos eliminar el miedo, éste no se desvanece simplemente, tenemos que trabajar de forma consistente para eliminarlo.

CAPÍTULO 10:

Abigail: Me convierto en un canal

Llegados a este punto, debes pensar que soy una masoquista por ir por la cuarta ronda. No obstante, aunque sé de primera mano que el embarazo y el parto son las experiencias más difíciles, también sé que tener hijos es el esfuerzo que más merece la pena, experimentar la vida en cada una de sus fases y formar parte de la creación de una vida, en el sentido más pleno, desde el principio hasta el final.

Tras haber tenido a mis primeros tres hijos en mi veintena, cuando llegué a la treintena, a finales de mi treintena en aquel momento, era una persona distinta. Estaba en un lugar completamente diferente a nivel espiritual, emocional, mental y físico; creo que todos estos factores me permitieron tener finalmente la experiencia de dar a luz que había imaginado, pero esta vez sin miedo.

Después de todo, con Miriam había llegado muy cerca, aunque no fue exactamente como había esperado. Quizá fue una falta de certeza o la falta de un plan, o quizá simplemente no había encontrado mi conexión más fuerte con el Creador, pero estaba muy muy cerca. Si soy franca conmigo misma, no había decidido con total seguridad ni había logrado tener la certeza de que iba a poder tener un parto natural sin ninguna intervención médica. Y, si algo sé con certeza, es que en la vida nada ocurre hasta que tú lo decides. Dar a luz es el taller perfecto para este mismo principio.

Te lleva nueve meses dejar que tu bebé crezca y preparar tu cuerpo y tu mente para el parto y el nacimiento. Cada día puedes decidir cómo quieres experimentar tu embarazo. Entonces llega el momento de dar a luz. Empujas y nada sucede. Esperas, y esperas un poco más. Quizá haya alguna complicación, algo está tardando más de lo esperado. Entonces, llega de nuevo. Empujas otra vez, y otra, pero aún no ocurre nada. ¿Cuándo te retiras? No lo haces, porque no es una opción; el bebé necesita salir. A veces continúas empujando, a veces tienes que cambiar el método (cesárea o cualquier otra intervención). Pero, de cualquier manera, no dejas de trabajar hacia el objetivo final. Estás metido del todo. Abandonar no es una opción. La única opción que se te brinda en ese momento se encuentra en tu libre albedrío. Lo ejerces al elegir cómo quieres experimentarlo. Los acontecimientos pueden no estar bajo nuestro control, pero podemos controlar nuestra reacción; por ejemplo, eligiendo la certeza en lugar del miedo. La elección más importante.

Con mi cuarto embarazo, trabajé deliberadamente para soltar el miedo que sentía con relación a mis otros embarazos. Cuando solté el miedo, me abrí a experiencias y entendimientos que de otra forma no habría tenido. Puesto que cada embarazo fue tan distinto, y en cada uno descubrí nuevas herramientas, finalmente me encontré allí donde siempre había querido estar. Sin mi miedo, pude tener una experiencia aún más hermosa de lo que podía esperar. Elegí conectar con el bebé que crecía dentro de mí. Mi elección me hizo comprender que ni el embarazo ni el parto se trataban de mí o de mi experiencia. Tampoco se trataba de mi cuerpo, mi incomodidad o mi dolor. Más bien se trataba de su evolución, de su experiencia y de cómo iba a entrar al mundo. Cuando me di cuenta de esto, decidí facilitar un nacimiento positivo y libre de estrés para ella. Yo era el canal a través del cual ella iba a venir al mundo, pero era su viaje.

Tracé un plan para preparar plenamente mi mente, mi cuerpo y mi espíritu. Tenía el apoyo de una asistente de parto, comuniqué claramente a todos los que estaban involucrados en el nacimiento cómo imaginaba el parto que quería, y puse toda mi confianza en el Creador. Y aunque tenía un plan, estaba dispuesta a aceptar cualquier resultado.

Con todo mi corazón y mi alma, esos nueve meses en los que la llevé dentro se centraron más en el momento de su nacimiento que en otra cosa. Cuando llegó el momento de que hiciera su entrada en este mundo, me continué enfocando en crear la experiencia más placentera para ella. Me preparé minuciosa y cuidadosamente para el día de su nacimiento, y pude tener el parto natural con hipnosis que siempre había imaginado. No sólo porque yo lo quería así, sino también porque es lo que Abigail quería y necesitaba.

Mientras mi esposo y yo contábamos las contracciones, el dolor cambiaba de intensidad. Los primeros diez segundos eran tolerables, entonces había de diez a veinte y de veinte a treinta segundos en los que estaba en un estado de AY DIOS MÍO; luego había de treinta a cuarenta segundos en los que el dolor volvía a ser tolerable. Cuando hago ejercicio, supero el dolor porque sé que no va a durar siempre. El parto se volvió como el ejercicio, todo era una cuestión del dominio de la mente sobre la materia. El dolor de haber preparado mi cuerpo con ejercicios extremos y entrenamientos para correr maratones me preparó para la hazaña física de dar a luz a mi hija. Me dije a mí misma: "Sé que puedo aguantar cualquier cosa durante cuarenta segundos, mientras sepa que el dolor se acabará. Puedo superarlo". En la vida luchamos contra la incomodidad, pero cuando aceptamos las cosas incómodas, éstas pasan mucho más rápido y el dolor es una energía que puede ser convertida. El dolor es una fuerza, es intenso, abrumador e incluso debilitador, pero cuando tomamos esta gran fuerza y utilizamos su fortaleza para nuestro resultado designado, en este caso traer un bebé al mundo de forma pacífica, el dolor se transforma en poder.

Puede parecer como si pudieras ahorrarte el dolor evitando las dificultades. A menudo luchamos contra las cosas incómodas. Luchamos contra nuestro proceso y nuestras circunstancias. Yo intenté hacerlo durante muchos años. La próxima vez que sientas dolor emocional o físico, no intentes rodearlo o evitarlo; en vez de eso, enfréntate a él.

No dije ni una sola palabra durante las ocho horas de labor de parto, seis de las cuales trascurrieron en casa. Las primeras palabras que pronuncié cuando salió y fue colocada sobre mi vientre fueron: "Estoy muy orgullosa de ti. Has hecho un trabajo magnífico. Eres fuerte, sana y hermosa, y te amo". Quería que las primeras palabras que escuchara en su vida fueran sobre lo maravillosa, poderosa, hermosa y completa que es.

Abigail es una gran bendición y me trae alegría cada día. No puedo pensar en algo que valga tanto la pena como traer un niño al mundo. Sin duda valió la pena encontrar el apoyo y las estrategias que me permitieron expulsar el miedo al parto de mi vida para que Abigail pudiera venir a este mundo de la forma más positiva posible.

Ninguna energía es nunca desperdiciada y la vida, en resumen, es simplemente experiencia. Podemos hacer uso de lo que hemos aprendido, sin importar dónde hayamos aprendido la lección, siempre que lo necesitemos. Si prestas atención, empezarás a ver que todo en la vida te prepara para otra cosa.

Con el nacimiento de Miriam, confié plenamente en el Creador. Sin embargo, con el nacimiento de Abigail, no sólo confié en el Creador, sino que fui una con Él. Me sentí Su trabajadora, haciendo Su trabajo.

CAPÍTULO 11:

El miedo no es
una opción

Una noche, cuando Miriam era aún una bebé, estaba dándole el pecho y empecé a sentir un hormigueo en la lengua. Luego empecé a sentir ese mismo hormigueo en los dedos y las piernas. Se extendió a todo mi cuerpo, y era tan intenso que empecé a entrar en pánico. Y me refiero a un pánico de verdad: una sensación de ahogo, una pérdida total de la lógica o la razón y una ansiedad tan debilitante que sentía que no podía respirar.

Una vez más, aparecía mi antiguo miedo a perder el control.

Michael y yo llamamos por teléfono a sus padres, el Rav y Karen, y por el tono de mi voz enseguida se dieron cuenta de que estaba asustada. Karen intentó hablarme racionalmente sobre lo que podía estar sucediendo, mientras que el Rav me decía que todo estaba bien. Que no me preocupara. Pero yo no estaba respondiendo, y el Rav empezó a gritarme en el oído: "Mónica, ¿me oyes? ¡El miedo no es una opción!". Aún puedo escuchar su voz en mi cabeza. Lo repitió una y otra vez. El Rav tenía una determinación inquebrantable, y su perseverancia era inigualable a la de nadie que haya conocido. Supo llegar hasta mí. Mi pánico empezó a disminuir. Hasta el día de hoy, siempre que ocurre algo y empiezo a entrar en pánico, escucho la voz del Rav diciendo: "¡El miedo no es una opción!".

Luego descubrí que el hormigueo estaba causado por haber hecho una postura de Ashtanga yoga demasiado avanzada para mí, y que me había lesionado temporalmente. Nada serio ni por lo que temer. Pronto me recuperé y el hormigueo fue disminuyendo. Pero está claro que el miedo no me ayudó en absoluto a superarlo.

Alimentar el miedo no nos sirve de nada, no nos ayuda y no cambia la situación.

Alimenta una situación que ya es caótica de por sí y la empeora. No cambia la realidad de lo que es, de lo que va a ser o de lo que debe ser. No hace otra cosa que paralizarnos. Al encontrarte con él de frente, el miedo que tienes puede ser aplacado y se le puede arrebatar su poder. Como resultado se crea un espacio para el coraje, para conectar con tu fuerza, porque entonces sabes de lo que estás hecho.

PARTE 3:

Cómo puedes vivir sin miedo

CAPÍTULO 12:

La conciencia para vivir sin miedo

Mi viaje a través del miedo ha sido un camino diseñado específicamente para mí y para mi propósito. Todos tenemos fortalezas que se muestran a través de los desafíos, y cada uno de ellos está diseñado para ayudarnos a convertirnos en nuestra versión más verdadera y más plenamente realizada. Es el camino hacia nuestro propósito. Ahora que hemos identificado los tres tipos de miedos: el miedo sano, el real y el ilógico, y hemos visto como el miedo se ha manifestado en mi vida, podemos profundizar en la comprensión de los miedos que hay en tu vida, y con herramientas y conciencia, ayudarte a eliminarlos. El objetivo final es trascender el miedo y llegar a un lugar de confianza en el Creador y en el proceso de tu vida.

MENTALIDAD FIJA VS. DE CRECIMIENTO

Nos clasificamos en dos mentalidades básicas, las cuales dan forma a nuestra vida. En la mentalidad fija, tus habilidades, tu inteligencia y tus talentos son estáticos. Como el programa de una computadora que se descarga en tu cerebro al nacer, funciona involuntariamente y permanece sin cambios. En la mentalidad de crecimiento, esas mismas habilidades, esa inteligencia y esos talentos son perfeccionados y fortalecidos a través del aprendizaje y la experiencia. La mentalidad de crecimiento está orientada hacia la evolución constante y la mentalidad fija está orientada hacia la validación constante. Gran parte de nuestra comprensión de este concepto proviene del trabajo de la renombrada psicóloga de Stanford, Carol Dweck.[4]

La característica esencial que distingue a estas dos mentalidades es que una ve el fracaso como destrucción y la otra ve el fracaso como una oportunidad.

Al empezar tu camino para descubrir y eliminar tus miedos, pregúntate: "¿Con qué mentalidad estoy funcionando?". Si no estás seguro, dale un vistazo a la lista de cualidades de cada una:

Fija
- Evita los desafíos.
- Considera los obstáculos como abrumadores, tiene tendencia a rendirse.

- Ve el esfuerzo como algo infructuoso.
- Está a la defensiva o ignora la crítica negativa.
- Se siente amenazado por el éxito de los demás.

De crecimiento
- Acepta los desafíos.
- Persiste frente a las dificultades.
- Ve el esfuerzo como el camino hacia el éxito.
- Aprende de las críticas y las integra.
- Encuentra lecciones e inspiración en el éxito de los demás.[5]

Si descubres que resuenas con la mentalidad fija, no te preocupes, de hecho, ¡entusiásmate! Cambiar de una mentalidad fija a una de crecimiento sólo requiere la abertura y la disposición a hacerlo. Dentro de una mentalidad fija, las creencias sobre lo que es posible para ti están extremadamente limitadas y basadas en el miedo. El miedo de parecer insuficiente, poco inteligente, irresponsable, indigno. A medida que trabajes para eliminar esos miedos, adoptarás de forma automática una mentalidad de crecimiento y, junto con ésta, una nueva perspectiva, que es donde empieza nuestro trabajo para eliminar los miedos.

NO TIENES MALA SUERTE, TIENES MIEDO

El miedo se alimenta de la inactividad y nos impide ser lo mejor que podemos ser. Nos impide aprovechar las oportunidades que se nos presentan.

A veces, estas oportunidades se etiquetan como "milagros" o "suerte", pero nada nos cae porque si. Tienes que estar abierto a recibir, y si el miedo está presente puede bloquearte no sólo la realización de tus plenas capacidades, sino cualquier oportunidad que se presente ante ti.

Afortunadamente, tenemos más control sobre nuestra vida del que somos conscientes.

La mayoría de personas no asociaría las oportunidades perdidas con el miedo. Hemos adoptado la muy extraña percepción de que las oportunidades se basan en la suerte cuando, en realidad, suele ser el miedo lo que nos impide ver esas oportunidades.

Adoptamos esta mentalidad porque es más fácil culpar la falta de circunstancias que hacer el trabajo de eliminar el miedo y, como resultado, cambiar nuestra realidad. Todos estos pensamientos sobre la "buena suerte" en contraposición a la "mala suerte" nos obstaculizan el camino. La suerte es un estado mental, es una forma de pensar. La suerte no es una habilidad mágica o un regalo de Dios. ¿Recuerdas la historia sobre colocar monedas sobre nuestros ojos?

Cuando estamos distraídos y agobiados por nuestros miedos, nos volvemos ciegos a las oportunidades que nos rodean.

Asimismo, está escrito en el Zóhar que la "buena" y la "mala" suerte son simplemente códigos para el principio de causa y efecto.

Michael Berg afirma: "Creamos nuestra propia suerte a través de nuestro comportamiento y nuestras interacciones con otras personas. Las acciones que son egoístas, abusivas o inconsideradas propagan el infortunio en nuestra vida, que erróneamente interpretamos como mala suerte".

No te conformes con la idea de que eres una persona con mala suerte. Deja que esta comprensión te empodere, sabiendo que tienes el potencial de ser grande; y la grandeza conlleva un compromiso contigo mismo de superar los desafíos y no ser superado por éstos.

EL PODER DE LA PERSPECTIVA

Siempre tenemos una elección. Y esa elección empieza con la perspectiva. Desde ahí, podemos empezar a cambiar palabras, acciones y, finalmente, nuestra experiencia. El poder de la perspectiva es innegable, y a medida que aprendas más sobre la tuya propia, empezarás a comprender el poder de tus elecciones.

Da un vistazo a esta serie de palabras en inglés: Opportunityisnowhere*

¿Leíste *opportunity is now here* (la oportunidad está aquí y ahora)? ¿O *opportunity is nowhere* (no hay oportunidades en ningún sitio)?

Una persona puede leer esto y ver un mensaje esperanzador, mientras que otra puede leer justo lo opuesto. A una escala mayor, aquellos que permiten que el miedo los domine tienen una perspectiva sesgada y por lo tanto no detectan las oportunidades cuando aparecen. Este es el poder de la perspectiva.

¿Cómo te impiden tus miedos lograr y alcanzar cosas que quieres en tu vida?

¿Qué tipo de cambio puedes hacer con respecto a tu perspectiva?

Una forma rápida de ver una situación de forma distinta es respondiendo a estas dos preguntas:

Si eliminaras tu miedo, ¿cómo cambiaría tu realidad?

¿Qué podrías hacer hoy si no tuvieras miedo?

Ahora actúa conforme a ello.

---

*(N. del T.: La autora utiliza aquí una frase en inglés escrita sin espacios que puede leerse con dos acepciones distintas y opuestas, según como se fragmentan las letras que la componen).

MENTE, CUERPO Y ESPÍRITU: APLICAR UNA PERSPECTIVA DISTINTA

Una vez que entiendas cuál es tu perspectiva y cómo puedes cambiarla, puedes empezar a anclar la nueva visión haciendo pequeños cambios. Elaboré un plan de tres pasos que puede funcionarte para empezar a alejarte del miedo y a acercarte a lo que verdaderamente quieres. Primero, explicaré cómo utilicé estas herramientas cuando tuve a Abigail, como ejemplo:

Mente

Puesto que el miedo empieza en la mente, di pasos para asegurarme de que mi enfoque se dirigiera de forma positiva. Aplicando lo que había aprendido en mis embarazos anteriores, encontré a alguien que podía ser mi voz durante el parto para que toda mi concentración estuviera puesta en la tarea en cuestión, de forma que yo pudiera prepararme mentalmente para el éxito. Por ejemplo, un cirujano no atendería llamadas de teléfono ni saldría del quirófano en plena intervención para tomarse un café. De igual forma, toda mi atención tenía que estar en mi estado mental y en la experiencia de Abigail. Tomé clases de hipnoparto y aprendí acerca de partos alternativos con buenos resultados. Elegí a una asistente de parto con quien compartí mi historia, y sabía que lo último que quería era sentirme como un experimento científico. Cuando un practicante de medicina entró en mi habitación, un chico idéntico a Ashton Kutcher que llevaba puestas unas botas vaqueras, mi asistente de parto le dijo educadamente que se fuera y yo no tuve que decir una sola palabra. Encuentra a alguien que abogue por ti, alguien en quien confíes. Cuando vayas a entrar en una situación que te provoque miedo, considera la idea de encontrar a un representante o un amigo de confianza que pueda brindarte apoyo y que pueda hablar por ti en caso de que no puedas hacerlo por ti mismo.

Cuerpo

El segundo aspecto es nuestro cuerpo físico. Un paso que pude dar para garantizar la comodidad de mi cuerpo fue llevar mi propia ropa durante el parto. Puede parecer algo intrascendente, pero dar a luz está conectado con la vida, y llevar una bata de hospital me conectaba subconscientemente a la enfermedad y a sentirme fuera de control. También estaba fuera de la cama, porque estar acostada era lo opuesto a lo que deseaba mi cuerpo, y necesitaba la ayuda de la gravedad para ayudar al bebé a bajar. En vez de mantenerme inmóvil, me movía y caminaba. Seguía las señales que me daba mi cuerpo, y a medida que iban viniendo las contracciones las utilizaba para continuar empujando a mi bebé hacia abajo por el canal de parto. Sólo porque algo se hace habitualmente de una manera, no significa que lo tengas que hacer de esa manera. Tienes opciones. Cuando estés tratando de superar tus miedos, mira cualquier expectativa que puedas tener que te conecte a tu miedo, y cambia las reglas.

Espíritu

Finalmente, y lo más importante, puse toda mi confianza en el Creador. Cualquiera que fuese el resultado, sabía que sería para bien, aunque no fuera tal como lo había planeado. Afortunadamente, sí lo fue. Pasé meses trabajando en mi conciencia, pero la verdadera revelación para mí ocurrió cuando llevaba cinco días pasada mi fecha. Entendí que el parto no es mi historia ni mi experiencia, ni siquiera se trata de mi dolor. Se trata de mi hija, de su experiencia de venir al mundo y descender por el canal de parto. Todo este tiempo se trataba de su viaje, y yo sólo era el vehículo para darle apoyo. Aquellos nueve meses en los que la llevé dentro se fueron enfocando cada vez más en el momento de su nacimiento. Finalmente, llegó diez días más tarde.

Al nutrir esos tres importantes aspectos: mente, cuerpo y espíritu, creé la mejor experiencia para mi hija y para mí.

Este enfoque de mente, cuerpo y espíritu puede aplicarse a otros miedos. Por ejemplo, si tu miedo está relacionado con tu carrera profesional, o con expresarte ante un jefe autoritario, una pareja, un amigo o un familiar, puedes aplicar estas ideas a esas experiencias y desafíos únicos. ¿Hay alguna persona con quien tengas conflictos recurrentes o miedo a la confrontación? Todos hemos conocido a esa persona que cree que si dice más palabras con un tono de voz más alto ha "ganado" la discusión. El miedo es comprensible si la persona en cuestión tiene mucho poder sobre tu vida, como por ejemplo un jefe.

Mente

Mira el conflicto como una vía para encontrar la resolución, no para crear aversión. Es fácil demonizar las acciones y las opiniones de otra persona, pero ten en cuenta cómo se ven las cosas desde la perspectiva del otro.

En conversaciones tensas, una herramienta que me gusta utilizar es preguntar, en lugar de decir cosas. Nuestros cerebros reaccionan de forma muy distinta cuando escuchamos una afirmación declarativa en lugar de una pregunta. Las afirmaciones declarativas son procesadas y luego puede comprobarse su veracidad, y quizás luego se sopesan un poco. Sin embargo, las preguntas llevan al cerebro a buscar posibles soluciones y recordar incidentes similares que ocurrieron con éxito en nuestro pasado.

Cuando nos enfrentamos a un desafío, a menudo pensamos: "Está bien, ¡lo tengo!". Los investigadores sugieren que, en vez de eso, nos preguntemos: "Está bien, ¿lo tengo?". El diálogo interno interrogativo es la mejor alternativa y producirá mejores resultados que el diálogo interno afirmativo, ya que la pregunta da pie a que tu cerebro empiece a buscar soluciones.

Cuerpo
Vístete con ropa que te haga sentir seguro y poderoso. Descansa lo suficiente, y quizá consume suficiente cafeína. Conéctate con la persona con la que estás hablando reflejando su lenguaje corporal.

Espíritu
El espíritu es el mismo para cada escenario, cuando pones tu confianza en el Creador, puede que el resultado no sea el que imaginaste, pero será en definitiva el mejor para ti.

EL MIEDO A LO DESCONOCIDO

El miedo a lo desconocido es una experiencia universal. Antes de que mi esposo y yo trasladáramos nuestra familia de Los Ángeles a Nueva York, tuvimos conversaciones interminables durante las cuales consideraba la idea de encontrar las escuelas adecuadas, un buen vecindario y una vivienda apropiada para una familia numerosa.

A pesar de toda mi planificación, me encontré con las trabas naturales que aparecen cuando vas a vivir a un nuevo lugar. Las cosas que había dado por supuestas se convirtieron en una lucha diaria. Por ejemplo, hacer amigos. Tampoco había considerado lo difícil que sería encontrar un nuevo dentista, un ortodoncista, un pediatra, un ginecólogo, un peluquero o cualquiera de las cosas necesarias que dan apoyo a nuestra vida. Y luego estaban los miedos tenebrosos que ni siquiera podía nombrar, como por ejemplo, ¿cómo iba a crear una vida sin el sistema de apoyo en el que me había respaldado tanto? ¿Qué haría sin tener a mi familia cerca?

Llegado este punto, después de interminables dudas y cuestionamientos, quedó claro que podía dejar que el miedo dictara mi futuro por mí o podía simplemente dar el salto. Si me quedaba en Los Ángeles, sabía más o menos cómo iba a desarrollarse un día tras otro, ya que había vivido allí la mayor parte de mi vida. Sabía cómo era mi vida y cómo iba a ser. Si me quedaba, habría estado eligiendo la comodidad en lugar de la curiosidad, y esa habría sido la elección segura. Pero dentro de la comodidad no hay oportunidad para el crecimiento.

Como dije anteriormente, a veces el miedo no se siente como miedo. Quedarse en un lugar predecible no es terrible, pero cuando pasas día tras día, año tras año sin intentar nada nuevo, te estás regateando a ti mismo. Aunque no hay nada malo en la comodidad, vale la pena comprobar siempre que no estés evitando una meta más elevada. Más concretamente, es sólo el miedo lo que nos impide abrir un nuevo libro, empezar un nuevo capítulo y crear una vida distinta de la que estamos viviendo ahora. Lo que suele empujarme a elegir la incomodidad en vez de la comodidad es hacerme esta pregunta:

¿Dónde quiero verme en cinco, diez y quince años?

Trabajé para enfrentarme a ese miedo a lo desconocido, y tan sólo dos cortos meses después de dar a luz a mi cuarto hijo, mi esposo y yo tomamos finalmente la decisión de trasladar a nuestra familia de seis al otro extremo del país: tres niños, tres escuelas y un bebé en un apartamento nuevo que no era ni la mitad de grande que nuestra casa en Los Ángeles.

¿Eliges la comodidad en vez de la curiosidad?

En este momento, ¿qué te gustaría hacer?

¿Qué te provoca entusiasmo y qué sientes que forma parte de la persona que estás destinada a ser?

¿El miedo está haciendo que te estanques?

Si no tuvieras miedo, ¿qué es lo primero que harías?

LA VERGÜENZA DE QUERER ALGO

Un día, mientras salía de casa de camino a una cita, estaba sacando el auto de la entrada al mismo tiempo que mi hija Miriam, que tenía entonces ocho años, regresaba de la escuela. Mientras salía y me marchaba en mi auto en dirección opuesta no la vi, pero ella sí me vio.

Mientras conducía iba hablando por teléfono, y luego cuando llegué entré directamente al lugar de mi reunión. Una vez que finalizó la reunión, salí, miré mi teléfono y vi dos mensajes de voz de casa. Escuché y me encontré con una vocecita histérica. Era Miriam. "¡MAMÁ!", consiguió exclamar entre suspiros histéricos mientras trataba de recuperar el aliento, "Vi tu auto mientras estábamos llegando, ¡y entonces tú te MARCHASTE! ¿Me VISTE? Estaba tan contenta de que fueras a estar en casa, hay tantas cosas que quiero contarte. ¿Estabas hablando por teléfono? ¿Cuándo llegarás a casa?". Y luego clic, se acabó el mensaje.

Mientras escuchaba el mensaje de mi hija, me di cuenta de algo. Ella me había llamado para expresarme, de la forma más pura y simple, lo que había esperado y querido. Quería que yo hubiera estado en casa, simple y llanamente. No había culpa ni malicia en su mensaje, ella tan sólo expresó lo que había deseado. No sólo eso, sino que estaba completamente libre de culpa. Era inocente y auténtico. Esto fue una revelación total y me hizo reflexionar. ¿Cuántos de nosotros somos capaces de expresar nuestros auténticos deseos sin sentir vergüenza por quererlos en primer lugar?

Esto plantea una pregunta muy práctica: ¿nos permitimos pedir lo que queremos?

Los niños pequeños no tienen reparos en pedir —incluso en gritar, como en el caso de Miriam— lo que quieren. Pero en algún punto crítico entre tercer, cuarto o quinto grado, la vergüenza de querer algo empieza a instalarse. La vergüenza es el miedo de que si alguien llega a conocernos realmente, incluyendo nuestras necesidades y nuestros deseos, va a dejar de amarnos. Adoptamos la creencia de que es incorrecto y socialmente inaceptable pedir lo que queremos, y que tenemos que esperar a que nos lo ofrezcan. ¿Te has encontrado alguna vez sintiendo envidia de los niños debido a esto? A veces observo las pataletas de los niños pequeños y desearía poder decir "¡QUIERO ESTO!" igual que mi hija se expresó, libre de normas y preferencias sociales, y carente de vergüenza o culpa. Por algún motivo, dejamos de expresar nuestras necesidades porque acabamos teniendo miedo de parecer demasiado directos, demasiado agresivos, demasiado exigentes o necesitados. Pero

¿por qué se considera que querer algo es malo? No lo es. Querer, desear y soñar forman parte de la condición básica humana. El simple hecho de pedirlo es algo que nos debemos a nosotros mismos.

La mayoría de las personas vive su vida en una de estas tres realidades. Una es que te importe demasiado lo que piensan los demás. Las personas con esta mentalidad pueden tener miedo de dedicarse a la carrera profesional que quieren, o de casarse con la persona que desean por miedo a que su familia no lo apruebe. La segunda realidad es la de la represión. Las personas en esta categoría a menudo explotan con frustración por haber reprimido su verdadero ser, sus verdaderos sentimientos, y muy a menudo por morderse la lengua. Tras muchos años de haber reprimido sus verdaderos deseos, se vuelven poco amables consigo mismas y con las personas que las rodean. La tercera realidad es la del resentimiento. Sucede cuando una persona niega lo que realmente quiere y nunca se permite pedir más, porque en algún punto del camino adoptó la creencia de que no puede tenerlo.

No hay vergüenza en absoluto en querer cosas, y no debemos sentir vergüenza por pedir lo que queremos.

¿Cómo va a saber la gente qué darte si no lo pides?

Desea para soñar. El simple acto de pedirlo es algo que nos debemos a nosotros mismos

Después de aquel mensaje de voz inicial, vino otro mensaje. Aunque la segunda llamada de Miriam ocurrió una hora después, los mensajes de voz se reprodujeron seguidos. Era ella de nuevo, completamente calmada, compuesta y elocuente. "Hola, mamá, sólo te llamo para decirte que te quiero y que espero que estés teniendo un día maravilloso. ¡Tengo muchas ganas de verte!". Casi podía escuchar su sonrisa a través del teléfono. En aquel momento mi corazón se llenó de mucho amor y orgullo por mi hija. Más que eso, con su preciosa sabiduría de ocho años me recordó una lección muy básica y profunda. Se había recompuesto, sintió exactamente lo que necesitaba sentir, lo expresó y no sintió ninguna necesidad de disculparse por su estallido de sentimientos. Y, de repente, ya estaba hecho.

No se disculpó, porque no había necesidad de disculparse. Fue sincera y fiel a sí misma en aquel momento. Después de un rato, usó sus palabras para expresar lo que estaba en la esencia de su primera llamada. Quería pasar tiempo conmigo. Qué regalo.

Y puesto que se había dado el permiso de expresarse, fue capaz de superar la emoción muy rápidamente. Cada día aprendo lecciones increíbles de ella y de todos mis hijos.

Tal como dijo Oliver Wendell Holmes en pocas palabras: "Prácticamente toda la verdad expresada con honestidad en el mundo proviene de los niños".

EL MIEDO AL FRACASO Y EL RECHAZO

No todos los sueños se hacen realidad. Es una dura verdad de la vida, una con la que no recomiendo que nadie se obsesione, ya que creo que podemos cambiar nuestras circunstancias siempre que lo decidamos. Todos sabemos que la vida está llena de decepciones y sueños que no se manifiestan. En su lugar, enfoca toda esa energía en lo siguiente, aquello que sí va a ser posible debido a aquel sueño que nunca lo fue. La energía nunca se desperdicia.

Muchas bendiciones y personas vienen a nuestra vida debido a un cambio de trayectoria. No podemos permitir que nuestros fracasos nos causen tanto miedo como para no intentarlo de nuevo.

"Dios bendiga el camino torcido que me llevó directamente hacia ti"[6], es la letra de una canción de Rascal Flatts (la música country es un género dedicado enteramente a poner en verso el desamor y el desengaño) y da en el clavo de esta idea. Al ser de Luisiana, estas canciones tocan una parte profunda de mi esencia.

No sé tú, pero el corazón se me rompe un poco por el atleta que ha estado entrenando toda su vida para finalmente no entrar en el equipo olímpico por un puesto, por la novia abandonada en el altar, o el amigo que tiene mucho talento pero nada parece ir a su favor. El rechazo, especialmente el rechazo público, es un sentimiento abrumadoramente negativo que a menudo conduce a una espiral de duda hacia uno mismo. Todos hemos estado ahí, y algunos de nosotros nos quedamos ahí durante un largo tiempo. Hemos puesto nuestras esperanzas en un trabajo en particular, hemos sido elegidos de últimos para un equipo, hemos compartido algo que hemos escrito, nos hemos presentado a una candidatura política o le hemos pedido a alguien una cita, y cuando no hemos obtenido el resultado que deseábamos, nuestra mente se ha llenado de pensamientos horribles basados en el rechazo.

La simple definición de rechazo es que alguien decline lo que le ofreces. No suena tan mal cuando lo expresas así. No todo el mundo va a valorar las mismas cosas que tú. Eso es razonable. El rechazo no significa que lo que estás ofreciendo no sea valioso ni valga la pena; simplemente, no has encontrado todavía el receptor adecuado. Si te importa menos lo que piensa la gente no te sientes tan rechazado, porque no te lo tomas personalmente. De hecho, la mayor parte del rechazo no es personal en absoluto. No obstante, sabiendo todo esto, ¿por qué es el rechazo algo tan poderoso y por qué tiene la capacidad de producir emociones tan negativas? Es por la corteza cingulada anterior de tu cerebro.

Los neurocientíficos han descubierto que, a diferencia de otros tipos de emociones, el rechazo intenso viaja por los mismos caminos neuronales que el dolor físico. Los científicos postulan que, anteriormente, cuando una persona era rechazada por su familia o tribu, tenía pocas probabilidades de sobrevivir por su cuenta, por lo tanto, el cerebro desarrolló un intenso sistema de alerta para disuadirnos de comportamientos que podrían conducirnos a la exclusión. Resulta que funciona demasiado bien.

Incluso las personas que suelen ser seguras de sí mismas, equilibradas y emocionalmente estables pueden cuestionar su propia cordura cuando son asaltadas por las emociones negativas que provienen del rechazo. El rechazo también puede ser abrumador; ¿cómo esperan que nos volvamos a exponer al mundo exterior, con el miedo y el riesgo de ser rechazados? No estás volviéndote loco, no eres inútil y no careces de talento. Tu cerebro simplemente está poniendo en marcha un software muy antiguo que está tratando de evitar que seas desterrado. ¡Es realmente así de ridículo! Estar armado con este conocimiento puede ayudar a disminuir tu aflicción la próxima vez que seas rechazado; y si estás viviendo la vida plenamente, buscando activamente tu propósito, entonces puedes apostar que habrá una próxima vez.

El rechazo puede ser también una poderosa herramienta para la motivación; puede ayudarnos a obtener poder de lo que podría ser un obstáculo, y utilizarlo para alimentar nuestra próxima carga. El patinador artístico ruso Yevgueni Plushenko fue entrevistado después de ganar una medalla de oro en los Juegos Olímpicos de Invierno. Muchos cuestionaban que se mereciera siquiera un puesto en el equipo. Era mayor que los demás competidores y había sido operado dos veces en la rodilla y una en la columna vertebral en los últimos dos años. Muchos críticos cuestionaron abiertamente su capacidad para competir. Durante su entrevista, le preguntaron qué tenía que decir a sus críticos en vista de la medalla de oro que acababa de ganar. Él miró directamente a la cámara y respondió con una encantadora sonrisa: "¡Muchas gracias!".[7]

Sin embargo, si te encuentras atascado en una espiral de rechazo, incapaz de utilizar ese rechazo como combustible, siempre puedes tomarte un comprimido de Tylenol. Sí, me oíste bien, la naturópata. De igual forma que Tylenol alivia la sensación de dolor físico, también disminuye el dolor del rechazo. Yo no lo he probado, pero decenas de mis amigos y colegas sí lo han hecho y todos dicen lo mismo: una vez que hace efecto, sus niveles habituales de ecuanimidad reaparecen súbitamente.

¿Por qué funciona tan bien? El acetaminofén es el ingrediente activo de Tylenol, y funciona como inhibidor de la síntesis de unos mensajeros químicos llamados prostaglandinas. Éstas ayudan a transmitir la señal de dolor e inducen la fiebre, de forma que cuando el cuerpo sufre una herida o una enfermedad, produce prostaglandinas en respuesta. El acetaminofén reduce el dolor al ayudar a bloquear esta señal. Puesto que nuestro cerebro responde al rechazo de la misma forma que el dolor físico, el acetaminofén inhibe las mismas señales, aliviando así los sentimientos de rechazo.[8]

Aunque el acetaminofén puede ser un parche fácil, de ninguna forma reemplaza tu trabajo. Nunca sugeriría que una medicación o sustancia pueda liberarte de sentir miedo por siempre, ni la recomendaría como algo de uso frecuente.

En definitiva, el trabajo hacia la liberación del miedo sigue estando en tus manos.

EL MIEDO Y SOLTAR

Escribo y enseño acerca de lo importante que es perseguir tus sueños, realizar tu potencial y llevar una vida llena de propósito. He explicado lo necesario que es tener certeza en el Creador y en el proceso de la vida, y no aferrarte fuertemente a las cosas del mundo físico. Mi consejo es que para seguir avanzando tenemos que estar dispuestos a soltar nuestro pasado, y dejar de releer el último capítulo para escribir el siguiente.

El traslado de Los Ángeles a Nueva York me forzó a poner esto en práctica. Cuando acabé de empacar la casa de Los Ángeles y coloqué todos los muebles en el camión de la mudanza, de repente me sentí invadida por el miedo. ¿Y si acaba siendo muy duro? ¿Y si soy infeliz allí? ¿Y si mi familia es infeliz? ¿Por qué estoy haciendo esto? ¿Y si es un error?

Tampoco ayudó el hecho de que, durante aquella semana que estuve empacando, mi esposo ya estaba en Nueva York con nuestros tres hijos mayores. Y todo aquello estaba sucediendo justo antes del día de Acción de Gracias y Janucá, que es un tiempo en el que suelo hornear, decorar, recibir visitas, encender la chimenea y disfrutar de la calidez del hogar durante las festividades. Estaba sola con mi bebé, Abigail, en una casa vacía, en plena deconstrucción de mi antigua vida. Mudarse es la muerte simbólica de un antiguo tipo de vida, al tiempo que damos paso a nuestra siguiente encarnación: un nuevo capítulo con potencial ilimitado que esperaba con gran anticipación... e inquietud. Nueva York ha sido una parte increíble de nuestro viaje y continúa siéndolo. El miedo era una señal de que estaba lista para crecer, y aún mientras escribo estas palabras me siento agradecida de haber aceptado la invitación.

EL MIEDO Y LAS RELACIONES

Las relaciones son una de nuestras mayores oportunidades para el crecimiento espiritual. Nos ofrecen una clase muy especial de taller a través del cual podemos conocernos a nosotros mismos y los unos a los otros de maneras increíblemente profundas. Puesto que las relaciones requieren de vulnerabilidad para tener éxito, también se convierten en espejos instantáneos de nuestros miedos no resueltos. Estos miedos no resueltos suelen presentarse en forma de narrativas o historias que albergamos en nuestra mente acerca de quiénes somos y qué merecemos.

Está en nuestra naturaleza contar historias y amar las historias, pero hay un lado oscuro en las historias que nos contamos. Podemos adoptar historias que son negativas e inexactas. Muy a menudo, somos inconscientes de que hay una historia negativa dando vueltas repetidamente en nuestra mente y tomando decisiones por nosotros. En las relaciones, es necesario que seamos conscientes de esto, ya que, sin tú saberlo, tu historia puede crear una separación entre tus seres amados y tú.

Pueden estar basadas en falsedades o en realidades, en algo que creamos nosotros o en algo que aceptamos de otras personas. De cualquier forma, la historia que se reproduce una y otra vez en tu cabeza afecta tus interactuaciones y tus reacciones frente a tu cónyuge, tu pareja, tus amigos y tu familia. Todos hemos escuchado las frases: "Estás sacando las cosas de contexto" o "Estás haciendo una montaña de un grano de arena". Las cosas pequeñas se convierten en algo importante cuando encajan con nuestra narrativa única y personalizada.

Por ejemplo, imaginemos que un hombre engaña a su esposa. Aunque es algo doloroso, tristemente no es una transgresión dentro del matrimonio de la que nunca hayamos oído hablar. Toman la decisión de trabajarlo juntos y acaban permaneciendo unidos. La esposa finalmente acepta lo ocurrido y lo perdona. Miran hacia el futuro de su matrimonio y lo nutren de una forma completamente nueva, y se sienten bastante bien. Hasta que una noche acuden a una cena de amigos, y en un momento de la noche, la esposa se gira y ve a su esposo teniendo una educada conversación con otra mujer. No es una conversación importante y es una interacción social inocua desde cualquier punto de vista, pero ¿qué ocurre? Ella se pone furiosa. No debido a algo que esté sucediendo realmente. La realidad es que su esposo está hablando con una mujer en la fiesta. Pero la película en su cabeza le está contando una historia completamente distinta. Esta historia dice así: Él está hablando con otra mujer y va a descarrilarse, va a engañarme de nuevo y va a dejarme. Esta es su percepción de la situación, y su reacción emocional es muy real. No obstante, sólo está reaccionando a una historia negativa basada en el miedo que está dentro de su cabeza.

Otro ejemplo es el de un niño que crece en un hogar en el que su madre es alcohólica. Unos diez años más tarde, conoce a una mujer maravillosa, se casa, pero si su mujer se toma ocasionalmente una copa de vino, él se vuelve controlador y exigente porque tiene miedo de que una copa de vino la lleve a acabar la botella y su esposa se comporte como lo hizo su madre cuando él era un niño. Él también está reaccionando a una historia en la cabeza. Su reacción está basada puramente en su realidad pasada y está completamente en desacuerdo con lo que está sucediendo realmente en su presente.

Hace falta hacerse consciente de estas historias basadas en el miedo para empezar a cambiarlas. Una vez que arrojamos luz sobre estas historias y miedos inauténticos y dejamos de alimentarlos, empiezan a disolverse. Sanar tu historia no es distinto de cambiar perspectivas o aplicar nuevas acciones. Es sólo otro paso, otra herramienta que utilizamos para erradicar el miedo de nuestra conciencia.

"De la misma forma que cualquier meditación debe empezar con la pregunta '¿Qué es lo que quiero?' una meditación para vencer la fobia debe empezar con la pregunta '¿Por qué tengo este miedo realmente?'. El simple hecho de hacer la pregunta planta la semilla para la respuesta. Pero lo que está oculto no es la información en sí misma. Lo que está oculto es el deseo de pedir esa información. Profundiza en eso y empezarás a hacer progresos en el alivio del miedo a través del recuerdo de lo que lo causó".

— Rav Berg

CAPÍTULO 13:

Siete herramientas para superar tus miedos

"La vida es cuando hay certeza.
Cuando no hay certeza, no estamos
viviendo porque estamos viviendo
siempre con miedo".

– Rav Berg

La manera definitiva de erradicar el miedo de tu vida es teniendo confianza en el Creador y confianza en tu proceso. Aunque eso no es pedir poco. Las herramientas que se presentan en este capítulo están diseñadas para ayudar a acercarte al logro de tu liberación del miedo. De igual forma que mi viaje con el miedo fue un largo proceso que empezó en mi niñez, el tuyo también es un proceso.

Herramienta 1: Nombra tus miedos

Revisa tu lista de miedos del capítulo cuatro. Nombraste miedos que tenías en distintas áreas de tu vida y elegiste tres en los que enfocarte. Los clasificaste en miedos sanos, ilógicos o reales. A continuación, escribe tus tres miedos principales de nuevo y observa si hay algún cambio. **¿Sigues estando de acuerdo con la forma en que clasificaste tus miedos al principio?**

1. _____

2. _____

3. _____

Ahora que has reconocido y entendido mejor tus tres miedos más prominentes, es momento de diseñar un plan de acción para eliminarlos.

De los tres, elige cuál te gustaría abordar primero y escríbelo a continuación:

Me gustaría eliminar mi miedo a

_____

_____

_____

Tómate un momento para escribir sobre cómo cambiaría tu vida, tus relaciones o experiencias específicas si este miedo fuera eliminado.

_____

_____

_____

_____

Herramienta 2: Quema tus miedos

A medida que avanzamos en el entendimiento y la eliminación de nuestros miedos, hay otra potente herramienta que puede ayudarte a soltar sentimientos de miedo y pensamientos negativos cuando surgen. El Kabbalista del siglo XVI Rav Yitsjak Luria explicaba que si tienes un pensamiento negativo que te está molestando, visualiza este versículo: *esh tamid tukad al hamizbéaj*, "El fuego se mantendrá encendido continuamente sobre el altar" (Levítico 6:13).

Funciona de la siguiente manera:
- Trae el pensamiento negativo o de miedo a tu mente.
- Medita en este versículo, *esh tamid tukad al hamizbéaj*, אֵשׁ תָּמִיד תּוּקַד עַל הַמִּזְבֵּחַ , y entonces puedes visualizar un fuego, o si tienes la posibilidad de encender un fuego real de forma segura, también puedes hacerlo.
- Tanto si enciendes una hoguera como si visualizas ese fuego, es importante que arrojes tus pensamientos allí tantas veces como sea necesario hasta que sientas que se hayan borrado verdaderamente de tu conciencia. Lo cierto es que, por mucho trabajo que hayamos estado haciendo, aunque estemos siguiendo y utilizando todas las herramientas a diario, no ocurrirá ningún

cambio hasta que se produzca un verdadero giro en nuestra conciencia.

Nuestra capacidad para cambiar nuestra conciencia es una de nuestras mayores fortalezas.

A medida que trabajamos para eliminar el miedo y la negatividad, hacemos el trabajo de despertar pensamientos cada vez más positivos. Al mismo tiempo, esto crea cada vez más Luz en nuestra vida, así como aberturas para más bendiciones. Esto hace que esta herramienta específica de quemar nuestros pensamientos negativos sea muy poderosa. Y puede usarse prácticamente en cualquier momento y en cualquier lugar.

Herramienta 3: Disminuye tu miedo

Recordar la conciencia "El miedo no es una opción" puede ser en sí misma una práctica poderosa, pero hay una forma aun más profunda de materializar este mantra. Los siguientes pasos son una forma de poner esto en acción.

1. Cuando aparezca el miedo, pregunta: "¿Por qué este miedo está viniendo a mí?".
2. Suéltate y confía. Dite a ti mismo "El miedo

existe para que pueda conectarme aún más con
el Creador".

3. Cambia tu conciencia. Dite a ti mismo: "¡El
   miedo no es una opción!".
4. Medita en el Tetragrámaton, el Nombre de Dios
   de cuatro letras. El *Yud Kei Vav Kei.*

El Tetragrámaton representa un nivel muy elevado
de revelación de la Luz del Creador, y fijar la
mirada sobre estas letras nos conecta con la Luz y
la protección del Creador. Mira las letras y medita
en un miedo que te gustaría superar. Esta es una
de las herramientas más poderosas con las que me
he encontrado para erradicar el miedo. Cada vez
que tengas dudas, preocupaciones o miedo, mira
este Nombre y tu miedo empezará a disiparse. Es
especialmente útil en situaciones de mucho pánico.

Una vez iba de viaje con una buena amiga y
estábamos volando en un avión pequeño. Yo no era
consciente de que mi amiga tenía miedo a volar,
pero enseguida lo fui cuando nos encontramos con
algunas turbulencias. En un avión pequeño sientes
cualquier rebote, así pues, aunque las turbulencias
no eran terribles, se notaban mucho. El miedo de

mi amiga empezó a aumentar exponencialmente en pocos minutos. Se puso histérica, y entró en pánico; estaba gritando improperios y chillando "¡Oh Dios mío, no quiero morir!". En primer lugar, mmm, ¡nadie quiere morir! Su histeria era tan agobiante e intensa que empezó a afectar a otros pasajeros. Cuando vi que esto no se iba a disipar por sí solo, empecé a ayudarla a calmarse.

Le expliqué que su miedo y su pánico no hacían nada para ayudar en aquella situación. Siempre llevo una tarjeta plastificada del Tetragrámaton en mi cartera, y se la ofrecí. Una vez que su mente se enfocó en las letras y el sonido de mi voz, empezó a relajarse hasta que aterrizamos. ¿Se fue para siempre su miedo? No. Para erradicar este miedo completamente, tiene que preguntarse a sí misma por qué tiene ese miedo en primer lugar y qué lo mantiene vivo, así como cambiar su conciencia de forma consistente.

A veces nos aferramos a un miedo porque nos sirve de alguna forma. Por ejemplo, la mortalidad pasa a un primer plano cuando alguien se enfrenta a unas turbulencias en un avión pequeño. Tener el miedo a morir puede transformarse en acciones poderosas y positivas si lo utilizamos para sacarle todo el partido a cada día, para estar presentes con nuestros amigos y nuestra familia, y para vivir cada día plenamente.

Herramienta 4: **Las aletas compensadoras**

De todos los tipos de miedo, los miedos ilógicos son los más perjudiciales para nosotros porque obstaculizan nuestra capacidad para vivir una vida plena y son responsables de nuestras experiencias más debilitadoras. Los miedos ilógicos son nuestras fobias, las cosas cotidianas que nos dejan paralizados. Los pequeños pasos y cambios nunca han sido tan imperativos como en la tarea de erradicar el miedo. Cuando la acción se lleva a cabo dando pequeños pasos, puede conducir a grandes cambios.

Las aletas compensadoras fueron inventadas por el filósofo e ingeniero Buckminster Fuller, o Bucky, como lo llamaban sus amigos. Para aquellos de nosotros que no tenemos conocimientos náuticos y aeronáuticos, las aletas compensadoras son los pequeños timones adheridos a la parte trasera de los grandes timones de barcos y aviones, y ofrecen asistencia al timón principal al aminorar la presión.

Bucky comprendió que, si una embarcación tan grande cambiaba de velocidad muy rápido, esa fuerza ejercería demasiada presión sobre el timón principal, haciendo que se rompiera. Por consiguiente, creó una solución en la que se eliminaba ese tipo de presión, y así nació la aleta compensadora. Fuller explicó: "Con el simple hecho de mover la pequeña aleta compensadora se genera una baja presión que hace girar el timón. No requiere prácticamente ningún esfuerzo. De forma que puedes simplemente sacar tu pie y todo el barco se moverá". Lo que quería decir es que el cambio aparentemente pequeño que ofrecía la aleta de compensación creaba una drástica diferencia en la dirección del barco. Puedes comprobarlo por ti mismo la próxima vez que estés en una colchoneta inflable en la piscina, en una canoa o una barca de remos. Simplemente deja caer tu mano en el agua desde uno de los laterales de la parte trasera de la embarcación y ésta empezará a girar suavemente en esa dirección.[9]

Este concepto me trae a la memoria una cita que leí en uno de los artículos de Nancy Gibbs: "Es curioso cómo las cosas cambian lentamente, hasta el día en que nos damos cuenta de que han cambiado completamente". Esto es aplicable a tu miedo. Al dar pequeños pasos y hacer pequeños cambios, un día te despertarás y el miedo ya no estará.

Tus aletas compensadoras pueden ser pequeños cambios que puedes hacer para alinearte con la certeza y conducirte lejos del miedo de forma efectiva.

¿De qué formas puedes hacer cambios pequeños e inmediatos en tu realidad actual que puedan ayudarte a eliminar el miedo? Si estás enfrentándote a una fobia como la de volar y tienes que tomar un vuelo de forma inminente, consigue unas cuantas meditaciones y practícalas de antemano. Al hacer esto, estás creando un espacio en tu mente al cual puedes acceder fácilmente cuando surja el miedo, y desde ese estado de calma, puedes asegurar tu bienestar y reconectarte con la certeza.

A continuación, haz una lista de aletas compensadoras:

_____

_____

_____

_____

Herramienta 5: Crea tu mantra antimiedo

Otra herramienta útil para erradicar los pensamientos basados en el miedo es darle la vuelta a tu miedo y convertirlo en un mantra afirmativo. Esto es una oportunidad para eliminar el miedo y volverse a conectar con la Luz. Utilicemos el ejemplo de alguien que tiene miedo a hablar en público.

El pensamiento temeroso es:
No estoy preparado. Me siento un fraude. Se darán cuenta de que estoy temblando, me olvidaré de lo que quiero decir y nadie querrá oírme hablar nunca más. Me sentiré humillado.

El mantra es:

Estoy totalmente preparado. Todo lo que voy a decir es útil, está fundamentado y es algo en lo que creo. Me mostraré tranquilo, calmado y sereno.

Al simplemente revertir tu miedo, has creado un mantra que no sólo te empodera, sino que también elimina el origen del miedo. Practica convertir algunos de tus propios pensamientos temerosos en mantras fortalecedores.

El pensamiento es:

_____

El mantra es:

_____

El pensamiento es:

_____

El mantra es:

_____

Herramienta 6: **Conéctate con tu cuerpo**

Amy Cuddy, psicóloga social y profesora de la Escuela de Negocios de Harvard, dio una charla en las conferencias de TED (Tecnología, Entretenimiento, Diseño; en inglés: Technology, Entertainment, Design) que ilustraba la idea y la psicología detrás de las "posturas de poder". En una "postura de poder", la persona está relajada y abierta, sus hombros están rectos, la columna está erguida, el pecho está elevado y las manos en las caderas. Cuddy investigó si distintas posturas afectaban a las personas física y mentalmente. Los participantes que adoptaban posturas de poder eran más tolerantes al riesgo y se observaron aumentos de hasta 20% en la testosterona, la hormona del dominio. El resultado final: adopta una postura de poder y siéntete más poderoso.[10]

Esta es una práctica simple que puede llevarse a cabo en cualquier lugar. Encuentra un lugar tranquilo donde puedas estar solo, ¡y adopta una postura de poder! Personifica físicamente a Superman o a la Mujer Maravilla, o a cualquiera que evoque una sensación de valentía en ti. Conectar con tu cuerpo de esta forma no sólo aparta a tu mente del miedo, sino que te coloca en modalidades físicas y mentales de confianza, fortaleza y poder.

Herramienta 7: **Viaje en el tiempo**

Los kabbalistas enseñan que hay un Nombre de Dios escrito en hebreo que es un canal para la certeza y la eliminación del miedo. Puede utilizarse en cualquier momento, con cualquier miedo, y funciona como un borrador del miedo. Simplemente con mirar este nombre y enfocarnos en él, podemos regresar a un tiempo anterior a cuando tuvimos el miedo. Este Nombre es un conducto de Luz y no debe decirse en voz alta: אכדט״ם.

Cada Nombre hebreo es un canal para una energía distinta. Elokim (אלהים) es el Nombre que es un conducto para la energía del juicio y la negatividad. Esto significa que cuando estamos experimentando algo que nos causa miedo, estamos en realidad conectados con la energía del Nombre Elokim (אלהים).

Ahora bien, el Nombre está creado utilizando las letras del alfabeto hebreo precedentes a las letras del Nombre Elokim (אלהים), lo cual significa energéticamente que nos estamos conectando a un momento anterior al miedo.

Vamos a explicarlo en español. La palabra conectada con la duda es MIEDO. Así pues, reemplazamos las letras M I E D O por las letras que inmediatamente las preceden en el alfabeto, lo cual resulta en LHDCÑ. Las letras españolas no son canales de energía, pero las letras hebreas sí.

Al meditar en אכדט״ם, en realidad estamos conectándonos con la energía que existía antes del miedo que estamos experimentando actualmente. Igual que MIEDO se ha convertido en LHDCÑ, Elokim (אלהים) se convierte en אכדט״ם de la siguiente manera:

- א no tiene letra precedente, por lo que se queda igual: א
- ל cambia a la letra כ
- ה se convierte en ד
- י se convierte en ט
- ם sigue siendo ם, porque la letra anterior a la *Mem* Final es la *Mem* Normal, pero al estar al final del Nombre se convierte en *Mem* Final.

Siempre que experimentes negatividad o miedo, usa esta herramienta. Tú no naciste con este miedo, así que hubo un tiempo en tu vida, anterior a la existencia de este miedo. Esta meditación funciona como un viaje en el tiempo, y te lleva de regreso a la paz y la calma naturales que tenías antes de adquirir este miedo: al lugar libre de miedo de tu verdadero ser.

CAPÍTULO 14:

Elabora un plan de acción

Ahora que tienes la conciencia y las herramientas, es momento de ponerlas en acción. Vamos a usar ejemplos de miedos ilógicos para ilustrar estos planes, pero éstos pueden también aplicarse fácilmente a cualquier pensamiento basado en el miedo. Después de haber identificado nuestro miedo, es el momento de desafiar nuestros pensamientos temerosos. Acuérdate de incorporar la conciencia y las herramientas previas en tu plan personalizado para ayudarte a erradicar el miedo de tu experiencia de vida.

TRES PASOS PARA ERRADICAR EL MIEDO

Paso 1: Planifica para la mañana

"El mundo es nuevo para nosotros cada mañana, este es el regalo de Dios; y cada persona debe creer que renace cada día".

– El Baal Shem Tov

Roy Baumeister, un renombrado psicólogo e investigador del autocontrol, afirma que nuestra fuerza de voluntad es un recurso finito. Tenemos una cierta cantidad de energía durante el día para enfrentarnos a las grandes decisiones y los cambios que queremos hacer. Esto significa que tenemos que hacer un uso inteligente de nuestra fuerza de voluntad. Se ha probado científicamente que nuestra fuerza de voluntad y nuestra energía psicológica están en su pico máximo en la mañana, y que van disminuyendo a lo largo del día. Por eso, a todo aquel que ha hecho alguna dieta, le resulta muy fácil elegir un batido de frutas para el desayuno y una ensalada para el almuerzo, y luego elegir algo poco sano alrededor de la hora de la cena. Esto es así simplemente porque al final del día hemos agotado nuestra fuerza de voluntad. Sabiendo esto, podemos planificar para obtener un óptimo nivel de éxito planificando las cosas más difíciles —como enfrentar nuestros miedos— en la parte más temprana del día. [11] Conozco a una mujer a quien le aterroriza conducir en las autopistas. Ella vive en el sur de California, y si alguna vez has visitado esa área sabrás que las autopistas son una vía de transporte esencial. Puesto que su fuerza de voluntad será más fuerte en la parte más temprana del día, es un momento perfecto para que practique manejar su auto de una salida a otra de la autopista.

En pocas palabras, si puedes, enfrenta tus miedos en la mañana, no en la noche. Elabora un plan para aplicar estos pasos en la mañana, y no en la noche cuando tu energía y tu fuerza de voluntad descienden de forma natural.

Paso 2: Desafía los pensamientos basados en el miedo

Utilicemos el ejemplo del miedo a volar. Los pensamientos que surgen con este miedo suelen ser extremadamente negativos y estadísticamente improbables. Mientras estás sentado en el terminal esperando tu vuelo, mirando cómo los aviones aterrizan y despegan, puedes empezar a sentir que tu pecho se tensa o tu respiración se acelera. Te imaginas cómo te sentirías estando a 10 kilómetros de altura en el aire, cuando de repente empieza a haber turbulencias y tú empiezas a entrar en pánico. En este momento, en lugar de enfocarte en tu respuesta física al miedo, date cuenta de cuáles son tus pensamientos.

Probablemente se clasifiquen dentro de una de estas tres categorías:

1. Profetizar
Durante este tipo de proceso de pensamiento te cuentas exactamente cómo te sentirás y qué sucederá exactamente. Un ejemplo sería decirte a ti mismo: "Voy a entrar en el avión y voy a tener un ataque de pánico en pleno vuelo".

2. Generalización excesiva
La generalización excesiva dice: "Puesto que algo sucedió una vez, sucederá cada vez". Por ejemplo: "La última vez que tomé un vuelo, tuve un ataque de pánico, así que nunca más volveré a volar".

3. Catastrofización
Esta es una de las más comunes. Este es un proceso de pensamiento que te catapulta al resultado más extremo con poca o ninguna evidencia que apoye que tan siquiera sea posible, ni mucho menos probable. Un ejemplo de catastrofización sería: "Voy a subir al avión y va a estallar". De nuevo, no hay ninguna evidencia en absoluto que apoye que tu avión va a

estallar y, de hecho, toda la evidencia estadística apunta a lo contrario.

Puesto que he experimentado una fobia a los ascensores, usaré mis pensamientos catastróficos para ver cómo podemos desafiar los pensamientos de miedo en el momento. Mi versión más elaborada de este miedo sería: "Me quedaré atrapada en un ascensor en el piso 48, donde no hay cobertura telefónica, mi ansiedad hará que la boca se me seque (lo cual es una respuesta fisiológica al miedo), me quedaré atrapada durante horas sin nada de agua, el aire se irá volviendo más denso, no podré respirar y es un fin de semana largo debido a un día festivo, así que lo más probable es que no me encuentren sino hasta el martes, y ahora las luces se han apagado..."

En ese momento, puedes hacerte las siguientes preguntas:

P: ¿Hay actualmente algo a mi alrededor que contradiga este pensamiento?
"Hoy es miércoles, no es un fin de semana largo debido a festividades. El ascensor parece nuevo y funciona sin problemas. Tengo una botella de agua en mi bolso".

P: ¿Hay alguna acción que pudiera llevar a cabo en caso de que esta situación ocurriera?

"Siempre podría pedir ayuda utilizando la propia alarma del ascensor, y nada indica que mi teléfono celular no vaya a funcionar. También hay gente que me quiere que se daría cuenta si desapareciera durante mucho rato".

P: ¿Este pensamiento está basado en el miedo?

"Sí, puedo ver claramente que estoy teniendo pensamientos catastróficos. No hay ninguna evidencia de que lo que temo vaya a hacerse realidad, y toda la evidencia apunta a lo contrario".

Desafiar tus pensamientos de esta manera va a la raíz del miedo y corta su fuerza vital. Si tus pensamientos basados en el miedo no tienen donde crecer, finalmente se desintegrarán.

Paso 3: Exposición

Para superar tus miedos debes exponerte a ellos, lo cual recomiendo que se haga en pequeñas dosis. Enfrentarse a demasiado miedo demasiado pronto puede resultar en una experiencia agobiante, y por lo tanto perjudicial, que puede agravar tus miedos. Igual que las aletas compensadoras, son los pequeños cambios los que crean las mayores diferencias. Es como subir corriendo por una cuesta: necesitas ir paso a paso. Así es exactamente cómo funciona la exposición. Estás parado con tu miedo al pie de la cuesta, y en la parte más alta está tu vida sin ese miedo. La cuesta es la exposición. Miremos esto desde la perspectiva de alguien que tiene miedo de estar fuera de su casa.

Los pasos podrían ser los siguientes:

Paso 1: Pasa un tiempo mirando afuera desde una ventana abierta.

Paso 2: Abre tu puerta principal y párate fuera, en tu porche.

Paso 3: Sal y camina hacia la acera.

Paso 4: Sal, camina hacia la acera y luego camina hasta la parte delantera de la casa de tu vecino.

Paso 5: Sal y camina hasta la esquina de tu manzana.

Paso 6: Da la vuelta caminando alrededor de tu manzana.

Toma un tiempo acostumbrarse a trabajar con tu miedo de esta forma, es como ejercitar un músculo por primera vez. No tienes que cambiar tu vida de un día para otro, pero puedes empezar a soltar el miedo lentamente dando pequeños pasos. Esto es lo que hace exactamente el ejercicio de subir la cuesta.

Me viene a la memoria algo que ocurrió poco después de que nacieran Josh y Miriam, una época en la que mis glándulas suprarrenales todavía no estaban funcionando al máximo. Mi familia y yo pensamos que sería divertido pasar el día juntos en un parque de atracciones. Solían encantarme las montañas rusas y las atracciones emocionantes. A Michael no le encantan las alturas, pero convencí a todo el mundo de que sería divertido subirse a aquella gran montaña rusa, sin darme cuenta de que las cosas que antes me parecían emocionantes ahora eran absolutamente aterradoras. Así que allí estábamos, subiendo poco a poco por la cuesta; el vagón iba avanzando lentamente por la vía, y la anticipación iba en aumento. Para mi sorpresa, me iba sintiendo cada vez más incómoda. A medida que ascendíamos hacia lo más alto, surgió en mí una sensación de pánico.

Cuando llegamos a la primera punta de la montaña rusa (había muchas más por venir), vi un pequeño oso mecánico que saludaba felizmente. Estoy segura de que estaba diseñado para ser adorable, pero en lo único que podía pensar era que aquel oso era un símbolo de algo terrible que estaba a punto de ocurrir, y que aquella era la última imagen feliz que iba a ver. ¿Por qué otro motivo iban a poner a ese oso adorable en la parte más terrorífica de esa terrorífica atracción? En aquel momento el corazón me latía con fuerza, la respiración era tensa y corta, y me sentí como si fuera a tener un ataque al corazón. En realidad, pensé en saltar hacia la plataforma al lado del oso. Tarde o temprano alguien vendría a bajarme. Este fue un pensamiento real que tuve, un plan que había diseñado mi mente y que me parecía completamente normal y factible. Pero, por un momento, la lógica hizo acto de presencia. Imaginé la vergüenza de mi marido y mis hijos cuando apareciera en el noticiero de la noche como la mujer demente que saltó de una montaña rusa.

Afortunadamente, la realidad de ese pensamiento también se instaló. Vi lo increíblemente anormal que era y me refrené de seguir dándole fuerza a ese pensamiento. De hecho, empecé a tener más miedo del pensamiento que de la montaña rusa. Me dije lo loco que era mi plan de escape y que no iba a ser ese tipo de persona. Así que, cerré los ojos y enfoqué la mente en un lugar más feliz hasta que acabó el viaje.

Reconocí este miedo, y antes de permitir que creciera, me ocupé de él utilizando la exposición. Aquel día me subí en todas y cada una de las montañas rusas del parque. Pues sabía que, si no lo hacía, habría abandonado el parque aquel día dejando que las montañas rusas se convirtieran en un nuevo miedo y, tal como sabemos ahora, el miedo que pasa sin ser revisado se convierte en una semilla plantada que se arraiga y crece. Al elegir exponerme en aquel momento, detuve el crecimiento y eliminé el miedo.

Abordar nuestro miedo dando pequeños pasos no sólo ayuda a erradicarlo lenta y verdaderamente, sino que también alimenta nuestra confianza.

La cuesta de exposición puede aplicarse a cualquier miedo y su éxito está asegurado si continúas aplicándola. Piensa en un miedo que tengas actualmente y empieza a escalar tu propia cuesta. A medida que los miedos surjan, desafía los pensamientos que emerjan con ellos. Pregúntate a cada momento:

¿Qué estoy eligiendo?

¿Está la comodidad por encima de la curiosidad?

¿Estoy eligiendo mis creencias limitantes?

¿O estoy eligiendo crecer y expandirme?

Hazte estas preguntas a diario y recuerda siempre que el miedo no es una opción.

Paso 4: Crea tu cuesta de exposición

Ahora ha llegado el momento de cimentar nuestra perspectiva modificada al crear una cuesta de exposición. Toma tu miedo y, empezando por el paso más pequeño, crea tu cuesta de exposición. Empieza con seis pasos:

Paso 1: _____

Paso 2: _____

Paso 3: _____

Paso 4: _____

Paso 5: _____

Paso 6: _____

A medida que logres dar cada nuevo paso, reconoce tu progreso. Date un minuto para sentirte orgulloso de tu crecimiento. Científicamente, los adultos responden a las recompensas igual que lo hacen los niños. Por lo tanto, a medida que vayas haciendo logros, establece un sistema de recompensa con el fin de generar un bucle de retroalimentación positiva. Te mantendrá motivado para continuar abriéndote camino a través del miedo. Entonces, una vez que completes los primeros seis pasos, elige seis más sobre los cuales construir tu progreso.

A medida que trabajes en tu plan de acción, si en algún punto sientes agobio, pánico o ansiedad, da un paso atrás. Dirige tu conciencia hacia dentro y observa tus pensamientos inmediatos. Recuerda de nuevo que el miedo no es una opción.

Mientras escribía este libro, estaba en un viaje de esquí en Vermont. Me gustaba la idea de esquiar, pero después de haber vivido en Los Ángeles durante tanto tiempo hacía mucho que no me ponía unos esquís. Ahora que vivimos en un clima de nieve tengo más oportunidades para practicar, pero siempre estoy empezando como principiante, y eso implica sentir ansiedad.

Tras un día de volver a familiarizarme con mis esquís, decidí intentar una nueva montaña que requería un nivel intermedio de destreza. Mientras estaba subiendo en el telesilla con mi instructor, empecé a sentir ansiedad. Él me explicó que había áreas escarpadas con las que debía ir con cuidado. Por supuesto, me dijo esto cuando ya estábamos en el telesilla, lo cual no hizo sino aumentar mi nerviosismo. No obstante, cuando me paré en lo más alto de la pista, supe que tenía que elegir entre la certeza o la ansiedad; porque ambas no pueden coexistir.

Mientras me deslizaba montaña abajo, empecé a decirme a mí misma: "¡El miedo no es una opción! ¡Eres una con el Creador! ¡Monica, puedes hacerlo!". Lo repetía en voz alta, una y otra vez, y en efecto, mi miedo finalmente dio paso a la emoción y la euforia. Incluso me acerqué a la zona escarpada y, sin sentir pánico, decidí bajar en paralelo, volviendo a mi ritmo habitual cuando sentía que era adecuado. ¡Fue fabuloso!

Cuando llegué abajo, mi instructor me felicitó por el descenso. "¡Hagámoslo de nuevo!", exclamé.

Él se quedó atónito. Dijo que todos los estudiantes con los que había esquiado por esa pista por primera vez nunca habían querido repetir. El área escarpada los había sobresaltado tan terriblemente que no habían optado por hacerlo una segunda vez. Sin embargo, yo sabía que si no lo hacía se acabaría convirtiendo en un nuevo miedo. Así que bajé la pista otra vez, esta vez enfrentándome a la zona escarpada, y fue un éxito.

No necesariamente perdemos más miedos a medida que maduramos, de hecho, parece que tendemos a tener nuevos miedos a menos que seamos conscientes y hagamos el esfuerzo real de disiparlos mientras van surgiendo. Si hubiera dejado que este pequeño pedazo de miedo e incomodidad decidieran por mí, me habría perdido una bonita experiencia.

CAPÍTULO 15:

Siete cosas que quiero que mis hijas sepan para convertirse en mujeres valientes

Dedico este capítulo a mis hijas, Miriam y Abigail. Ellas me han enseñado mucho sobre lo que significa ser valiente, y mi deseo para ellas es que conozcan su propia valentía y vivan sus vidas plenamente… Es mi deseo que transmitan esto a las mujeres que aman.

1. Su cuerpo forma parte de su expresión

Son fuertes físicamente. Utilicen su cuerpo, sus piernas fuertes, sus gráciles manos, sus coquetas caderas. Permanezcan valientes en sus cuerpos y no se permitan odiar ninguna parte de él. Su cuerpo es perfecto y fuerte.

2. Nunca se avergüencen de sus pasiones

Sigan a su dicha. Hagan lo que ésta les diga, lean sobre lo que les interesa, háganse amigas de personas que les caigan bien y no dejen que las opiniones de otras personas acerca de lo que les gusta las avergüencen. Nunca abandonen lo que son o aquello en lo que creen por otra persona. Son 100% merecedoras y completas, tal como son.

3. Hagan amigos

Como dijo Epicuro: "De todas las cosas que la sabiduría nos proporciona para hacernos completamente felices, la mejor, con diferencia, es la posesión de la amistad". Estén siempre abiertas a hacer nuevos amigos. Las viejas amistades que son genuinas no se alejarán a causa de nuevas amistades. No todos sus amigos se quedarán en su vida para siempre, y eso está bien. Algunos amigos llegan a nosotros en momentos específicos de nuestra vida y luego se van cuando finaliza ese período. Aunque duele perder a un amigo, eso nunca debe evitar que se abran y compartan con personas nuevas. Recuerden, todas las personas que hay en su vida empezaron como desconocidas.

4. Hablen conmigo, aunque no estemos de acuerdo
Siempre pueden contarme lo que están sintiendo o pensando, aunque sepan que no estaré de acuerdo con ustedes. Está bien no estar de acuerdo conmigo. Quiero que se sientan seguras para expresar cualquier emoción, y compartir cualquier escenario conmigo. Quiero que sepan que las amo incondicionalmente y que no hay nada que puedan hacer o decir que me haga dejar de amarlas. Tienen una voz única y yo siempre quiero escucharla. Siempre aprendo de ustedes y no quiero perderme ninguna de las lecciones que tengan para enseñarme.

5. Son hermosas
Sé que soy su madre y que no me sienten imparcial, pero es la verdad. En sus rostros veo los bebés que fueron, las chicas hermosas que son ahora y las mujeres en las que un día se convertirán. Deben saber que son valiosas y merecedoras. No malgasten años de su vida intentando convencerse a sí mismas que son hermosas, poderosas y especiales. Lo son. No malgasten su tiempo sintiéndose menos que nadie. Son más que suficiente y lograrán grandes cosas.

6. Sean ustedes mismas
Ustedes y yo tenemos muchas cosas en común, pero

no son yo. Ustedes no están destinadas a vivir la vida que yo he vivido ni a experimentar los mismos desafíos. Su camino es el suyo propio y yo quiero ayudarlas de verdad guiándolas allí donde sus espíritus únicos necesiten llevarlas.

7. Son ellos, no ustedes

Casi siempre que alguien las lastima, las ataca o dice algo que las hace sentir inseguras o indignas, es una manifestación de su propio dolor. Tiene muy poco que ver con ustedes, aparte del hecho de que estaban en proximidad suya. Todo el mundo está luchando sus propias batallas, y surgirán conflictos. La gente será hiriente o desagradable y sí, las lastimarán. Tan sólo recuerden que no tiene que ver con ustedes en realidad, tiene que ver con ellos. Aunque pueden aprender algo de la experiencia, no necesitan aceptar sus juicios como verdades.

Epílogo

Una afirmación para reemplazar el miedo
por certeza, confianza y amor.

Soy **PLENAMENTE CAPAZ** de manejar los
desafíos que surgen en mi día y en mi vida.
CONFÍO EN QUE TODO lo que me ocurre es en
mi mayor beneficio.
EL MIEDO NO ES UNA OPCIÓN.
CONFÍO completa y plenamente en el Creador.
Elijo conectar con la **LUZ** que hay en cada situación.
EL MIEDO NO ES UNA OPCIÓN.
Me enfrento a cada acontecimiento y circunstancia
con la **CERTEZA** de que se resolverá de la mejor
manera posible.
Soy íntegro y **COMPLETO.**
EL MIEDO NO ES UNA OPCIÓN.
Puedo lograr mis mayores objetivos y **SUEÑOS.**
Estoy viviendo en mi **YO MÁS VERDADERO** y
conforme a él.

EL MIEDO NO ES UNA OPCIÓN.

Agradecimientos

Dedico este libro a mis maestros, mis mentores y mis suegros, completamente por la gracia de Dios, el Rav y Karen Berg. Desde el momento en que entraron a mi vida, nunca fue igual.

Rav, tú me enseñaste, o más concretamente me gritaste, con amorosa fuerza aquella fatídica noche que "el miedo no es una opción". Gracias por atravesar (no rodear) conmigo las experiencias más difíciles de mi vida. Tuviste un profundo impacto en mí, y me ayudaste a pavimentar el trabajo de mi vida.

Karen, gracias por enseñarme a vivir con valentía, y a no tener nunca miedo de hablar claro sobre lo que creo y de perseguir mis sueños. Tú, más que nadie, me has enseñado que si quiero algo debo hacer que suceda y, para hacerlo, el miedo debe ser eliminado de mi diccionario.

Algunos de los capítulos de este libro reciben el nombre de mis familiares más inmediatos. Michael, te habrás dado cuenta de que no hay un capítulo con tu nombre. Esto se debe a que nunca has sido una fuente de miedo para mí. De hecho, siempre que me enfrento cara a cara con mis miedos más profundos, tú eres el que está a mi lado dándome la mano, preparado para enfrentarte a cualquier desafío conmigo. Siempre puedo contar contigo. En la vida, con todo a lo que nos hemos enfrentado, grande o pequeño, tenerte como mi mejor amigo, amante y compañero de vida ha sido mi mayor fuente de fortaleza. Tu amor crea un entorno para mí en el que puedo progresar y florecer.

A mis hijos, David, Joshua, Miriam y Abigail, es mi deseo que vivan sus vidas con valentía, certeza y bondad. Sé que no puedo protegerlos de sus experiencias de vida, pero espero darles las herramientas para protegerse, sanarse y ser ustedes mismos... la mejor versión de ustedes mismos. (Gracias por dejarme ser su mamá).

Liz, después de todas las palabras que hemos compartido e intercambiado, no sé cómo expresar adecuadamente mi apreciación y gratitud por todo lo que haces por mí y lo que eres para mí. Una de mis citas favoritas de Gwyneth Paltrow es: "Nuestros amigos pueden convertirse en nuestros historiadores, guardianes de secretos y compañeros en el viaje de la vida". Empezamos teniendo una relación estrictamente laboral, y en algún punto del camino te convertiste en mi querida amiga y en la voz de la razón en mi cabeza cuando las cosas parecen demasiado difíciles.

Queridísima Annie, es surrealista para mí que no puedas leer este libro, ya que tú siempre me animaste a ser auténtica y a no tener nunca miedo de ser vista. Siento que me estás mirando desde arriba. Gracias por animarme a confiar en mi intuición y a no dudar de mí misma; este fue el mayor regalo que me diste. Como siempre solías decir: "La verdad es la verdad". Ciertamente lo es... Esta cita de Steve Jobs siempre me recuerda tu sabio consejo: "No dejes que el ruido de las opiniones de los demás acalle tu propia voz interior. Y lo que es más importante, ten el valor para hacer lo que te dicen tu corazón y tu intuición... Todo lo demás es secundario". Te amo y te extraño, Annie.

Siempre he creído firmemente que tenemos que prestar atención a todos los aspectos de nosotros mismos... cuerpo, mente y espíritu. A mi querida amiga Tracy, no puedo contar las veces que, durante la última década, he entrado en tu estudio lidiando con una emoción, o buscando la respuesta a un problema, sólo para salir de allí dos horas más tarde con claridad y sintiéndome fortalecida. Gracias por enseñarme a utilizar mi cuerpo de una manera que me da fuerza, en lugar de la forma en que solía utilizarlo, agotándolo y debilitándolo. Más que nada, gracias por ser una amiga de confianza y una confidente, ha significado mucho más para mí de lo que eres consciente.

Mamá, papá, Rebecca y Jessica, somos afortunados por compartir tanto amor entre nosotros. Somos una familia que simplemente apoya los sueños y fomenta la felicidad de cada uno de nosotros. Gracias por amarme siempre.

Mama Nouran, eres valiente y un asombroso ejemplo de fortaleza para mí. Todo el dolor que has experimentado en tu vida sólo ha hecho que tu capacidad para amar sea mayor. Me siento afortunada de ser la receptora de tu continuo amor incondicional. Eres la matriarca por excelencia.

Creo que el Creador nos envía ayuda exactamente cuando la necesitamos. Kelly, gracias por trabajar tan duro, y por la sonrisa única y contagiosa con la que siempre me has recibido, aun cuando te asignaba una tarea difícil.

También me siento obligada a dar las gracias a Reut, quien, después de asistir a una charla que di sobre el miedo, me dijo: "Tienes que escribir un libro sobre esto. La gente necesita saber esto". Gracias por tus numerosas sugerencias.

A quienes se han opuesto a mí, muchas gracias. Y a todos aquellos que están luchando contra sus propios oponentes, recuerden:

"Mantente alejado de aquellas personas que tratan de menospreciar tus ambiciones. Las personas pequeñas siempre hacen eso, pero las personas verdaderamente grandes te hacen sentir que tú también puedes llegar a ser grande".

– Mark Twain

Exención de responsabilidad médica

Este libro no está concebido para sustituir el consejo de profesionales médicos. El lector debe consultar regularmente a su médico en todos los asuntos referentes a su salud, y particularmente en referencia a cualquier síntoma que pueda requerir un diagnóstico o atención médica.

Referencias

[1] Latané, Bibb, y John M. Darley. "Group Inhibition of Bystander Intervention in Emergencies". Journal of Personality and Social Psychology. 10.3. (1968): 215-221. Escuela Americana Internacional de Guangzhou. Web. Abril de 2017.

[2] Eddy, Cheryl. "5 Crime Victims Who Survived and Helped Nail Their Attackers". Gizmodo. Gizmodo Media Group, 30 de octubre de 2015. Web. Noviembre de 2016.

[3] Berg, Rav. "Prayer & Meditation - Living Wisdom". Kabbalah Centre International.
22 de octubre de 2014. Web. 11 de mayo de 2017.

[4] Dweck, Carol. Mindset (Mentalidad). Carol Dweck. 2010. Web. Noviembre de 2016.

[5] Popova, Maria. "Fixed vs. Growth: The Two Basic Mindsets That Shape Our Lives". BrainPickings. BrainPickings.org, 29 de enero de 2014. Web. Noviembre de 2016.

[6] Rascal Flatts. Letra de "God Bless The Broken Road". Street Records, 2004. CD.

[7] Estrada, Chris. "Plushenko a los críticos: 'Muchas gracias'". NBC Sports. NBC Universal. 9 de febrero de 2014. Web. Enero de 2017.

[8] Stix, Gary. "Feeling the Pain of Rejection? Try Taking a Tylenol".
Scientific American. Nature America, Inc. 1 de septiembre de 2010. Web. Noviembre de 2016.

[9] Popova, Maria. "Buckminster Fuller's Brilliant Metaphor for the Greatest Key to Transformation and Growth". BrainPickings. BrainPickings.org, 21 de agosto de 2015. Web. Noviembre de 2016.

[10] Cuddy, Amy. "Your Body Language Shapes Who You Are" (El lenguaje corporal moldea nuestra identidad). TED: Ideas dignas de difundir. Conferencia TED, junio de 2012. Web. Noviembre de 2016.

[11]Vanderkam, Laura. "Can You Learn Willpower?" (¿Se puede aprender la fuerza de voluntad?). CBS News. CBS Interactive Inc. 22 de septiembre de 2011. Web. Abril de 2017.